湛庐CHEERS

与最聪明的人共同进化

HERE COMES EVERYBODY

CHEERS
湛庐

为什么不能多印点钱

[英] 英格兰银行 The Bank of England
鲁帕尔·帕特尔 Rupal Patel
杰克·米宁 Jack Meaning 著

安昀 译

Can't We Just Print More Money?

中国财经出版传媒集团
中国财政经济出版社
北京

测一测

你了解经济学吗？

扫码加入书架
领取阅读激励

- 货币的本质是什么？（单选题）

  A. 一种物理商品

  B. 一种信用体系

  C. 一种权力象征

  D. 一种自然资源

扫码获取全部测试题及答案，
一起开启经济学的奇妙之旅

- 经济增长不会导致以下哪种情况？（单选题）

  A. 收入不平等

  B. 幸福感下降

  C. 环境破坏

  D. 国际贸易增加

- 为什么不能多印点钱？（单选题）

  A. 会导致通货膨胀

  B. 会增加国家债务

  C. 会减少货币价值

  D. 以上全部

扫描左侧二维码查看本书更多测试题

献给我们的家人，他们给了我们无尽的爱与鼓励。

也献给那些致力于理解和改造世界的经济学家。

经济学该如何学？

本力
香港中文大学（深圳）高等金融研究院政策研究员
《香港国际金融评论》执行总编辑
年度经济学图书主理人

在中国传播和普及现代经济学将近三十载，阅读经济学通俗读物是本人一大爱好。印象中读到的第一本经济学通俗读物是《天下哪有“白吃的午餐”》，这是中国台湾经济学家、《天下》《远见》杂志社长高希均先生的代表作。书名是诺贝尔经济学奖获得者米尔顿·弗里德曼的名言，来自他 1975 年发表的一篇文章。

这句名言正好可以回答“为什么不能多印点钱”。因为，印钱同样不是“白吃的午餐”。而且不仅如此，作为一本经济学通俗读物，以该问题为书名，或许可以解答学习和普及经济学思想的一个根本问题：经济学该如何学？

其实，我们正在面对和思考的问题，绝大部分已经被人研究过了。所以，作为非专业人士，如果想尽快进入一个学科的知识体系里，最好的办法就是找到一个框架，而这个框架往往是与概念和最关键问题相连的。

有过经济学学习经历的读者不难发现，绝大多数经济学通识读物都是由稀缺这一概念开始的。无数经济学教科书也已经告诉我们，“稀缺”是使经济学成为一门有意义的学科的前提，也是步入现代经济学大门的关键一步。从稀缺的概念，进而从“效用”以及“需求供给”思维开始进入经济学的世界，可能是对初学者最友好的路径。由此，打开这个思维之锁的钥匙就是：经济学意义上，所有的成本都是机会成本，而不再是会计成本。机会成本也就是因为选择这个物品或者服务而放弃其他选择的成本。正如书中引述的《卧底经济学》作者蒂姆·哈福德的表述：“同意加班意味着拒绝给女儿读睡前故事；同意在聚会时再喝一杯，就意味着失去了第二天的晨跑和清醒的头脑。”又如，有人说用自己买的铺面开餐厅没有成本，其实它的租金就是机会成本。如果你还在还贷，利息也是机会成本。而且，我们做任何事情都是有成本的，那就是自己的时间。所谓成功，就是让自己时间的机会成本足够大。

股神巴菲特非常注重确定性，但他的成功更多在于用机会成本的认知去思考和把握确定性。在巴菲特看来，风险来自你不知道自己在做什么。从机会成本考虑，企业的内在价值就是一种基于企业未来现金流贴现到当前现值的计算。因此，一家公司未来自由现金流的可预测性应该具有债券股息那样的确定性，这就是巴菲特“买股票就是买公司”的经济学原理。

从机会成本的概念再进一步，经济学的思维方式和会计学最大的不同来自选择。所以，弗里德曼还有另一本根据其演讲整理的经济学通俗读物《自由选择》。而另一位诺贝尔经济学奖获得者詹姆斯·布坎南说得更干脆，经济学就是选择的艺术。不同的是，市场的选择更多的是讨价还价，但解决公共利益和公共问题需要公共选择。前者可能遇到市场失灵，后者可能遇到政府失灵。

选择会产生价格，价格又涉及劳动力、企业、信息、交易费用和制度。由此，经济学的认知和世界就会一步步打开。

但是，这里仍然缺了重要一环，那就是对钱的认识。《为什么不能多印点钱》这本书通过这一问题将机会成本、外部性和货币放到一起，形成框架性思维引导读者进入经济学的世界。细细想来，这有可能为“经济学该如何学”提供了一个绝佳的思考路径。

印钱的事情，不是简单的机会成本问题，也不会仅仅因其“外部性”而产生公共选择乃至社会选择问题。还有一个关键问题：对钱，也就是对货币的认识问题。关于这一点，我印象最深的是复旦大学经济学院教授韦森讲过的一句话：当一个经济学家开始思考货币问题时，整个经济学理论大厦都要摇摇欲坠了。

但现实情况与货币的重要性呈现强烈反差：由于种种原因，关于货币问题的教育是经济学通俗读物乃至通识教材中相对薄弱的一环。

因此，许多经济学专业的博士生乃至教授都不一定了解货币本身就是一种债，而且其发行机制（无论是中国以贷款为主的货币发行机制，还是美国以国债为基础的货币发行体系）的核心就是债务的形成机制。然而，这种与货币紧密相关的债务在人类的现代化体系中究竟起到了什么作用，却鲜有人深入探讨。

把机会成本、外部性、货币放到一起，也更能理解银行等金融机构“用钱来赚钱”，符合“第一性原理”，而不是简单地将金融这种高端高附加值的服务业与实体经济分开。

货币随人类进化而产生，对货币认知的深刻与否也对国家兴衰有着重要影响。关键在于，与货币及其债务相关的这套系统是包容型的制度还是攫取性的制度。关于这一点，书中开篇就提到了：“经济学背后有一个隐含的、不可避免的道德框架，尤其是在制定经济政策时。”

一个反面的例子就是王莽改制。萧清先生在其《中国古代货币史》一书中直言，“王莽企图用复古改制来挽救当时的社会危机，在他的复古改制这一系列的改革中，要以货币改制最为荒唐”。因为，这种货币改制其实是想建立一种攫取性的制度。

进而，在 2008 年全球金融危机之后全球治理体系受到第二次世界大战以来最大冲击的大背景下，该书通过两个章节解答“经济危机的起因与预兆”“量化宽松政策会带来什么影响”，这才完整回答了“为什么不能多印点钱”。当然，这也可看作对前文“经济学能解决气候变化问题吗”等的延续和深化。

在我看来，当前特朗普经济政策的核心仍然是维护美元的国际货币体系霸权地位。特朗普内阁对贸易争端乃至对数字货币的积极态度都可看作强化美元体系的手段。我们对其未来走向的判断，仍然与经济学的本源不无关系。

货币方面的知识对于学习经济学的重要性可见一斑。而纳入对货币的认知，尤其是对其实务层面和道德责任的理解，正是《为什么不能多印点钱》这本书的独到之处。因此，当我看到书中这句话，不由得兴奋起来——英国纸币上都有一句关键的话：我承诺按需向持票人支付 X（相应面值）英镑。这个承诺到底意味着什么？

与一般意义上的经济学通俗读物不同，这本书由英格兰银行推出，因此专门有一章讲述“银行是如何运作的”。在传播经济学知识的同时，也可以从中管窥金融机构在帮助年轻人了解经济学知识方面的独到视野。由此，也可以更完整地理解，“长久以来，经济学两种截然不同的观点：一种聚焦资源分配，另一种则试图解释社会的运行，一直是经济学家争论的话题”。

经济学是一条精妙而有趣的规则

安德鲁·贝利（Andrew Bailey）
英格兰银行行长

我上中学的时间是 20 世纪 70 年代，当时全球经济并不景气。我记得当时每周只上 3 天课，晚上要点蜡烛才能写作业。我亲身经历了当时超过 20% 的通货膨胀率（以下简称“通胀率”）。这些印象非常深刻，让我清晰地体会到了经济对人们生活的影响。

现在你也许就不会太惊讶我为什么积极倡导经济学的普及教育了。即使对经济学略知一二，你也会受益匪浅。一方面，经济学可以帮助人们更深刻地理解新闻——无论是其中一些晦涩的词汇，如 GDP（国内生产总值）和 QE（量化宽松）这种缩略词，还是经济增长或者下滑的原因等。另一方面，经济学可以提供某些工具，帮助你更好地做出决策，不仅是金钱方面的决策，还包括许多其他方面的决策。如果再挖掘得更深入一些，经济学还可以是一条精妙而有趣的规则（我当然会这么说）。

这本书的出版完全不同于我们在过去 3 个世纪中所出版的书籍。我们试图用一种容易理解的方式向人们解释我们的工作，以及经济运行的方式。举例来说，我们会用更简短、更友好的格式和日常语言，以及简单的图表制作各种版本的报告，如有关英国经济表现季度摘要。我们还在网站上开设了“知识银行”专栏，介绍货币、银行、通货膨胀、利率等知识。这个专栏很受欢迎，它的浏览量比网站其他专栏都要高。如果你喜欢这本书，强烈建议你也去看看这个专栏。

当然，并不是所有人都会定期浏览英格兰银行的网站，或者期盼看到季度摘要，所以我们一直在努力用其他途径向公众进行普及。我和英格兰银行的副行长会定期参加英国各地举办的“公民论坛”，这些活动向公众免费开放。通过这些论坛，我们可以听到来自公众关于生活成本、就业及其他各方面的真实声音，然后可以向他们解释我们所做决策的逻辑，也可以回答他们提出的关于我们工作中的各种问题。除此以外，我们还与全国的慈善机构一起举办社区论坛，借此了解机构援助的人们如何受到经济运行的影响。

这本书是英格兰银行传播经济学知识的最新尝试。在过去的数年中，我们孵化了一个旨在帮助年轻人了解财务管理知识和经济学重要概念的教育项目。有 500 多位同事曾在英国各地的学校演讲，讨论各种议题，包括银行的工作、个人职业生涯等多个方面。在本书中，我们借鉴了这个教育项目的经验，力求写好一本简单易懂的基础经济学一站式指南。

我也常常去学校演讲，下次我会带着这本书同行。尽管有些同学可能已经读过了，但我们计划给英国每一所公立学校都赠送一本书。对于那些已经读过的同学，我希望他们知道，经济学不但能够帮助我们理解世界，而且能够帮助我们应对现实中的一些巨大挑战，如贫困和气候变化等。也许还有几位愿意进一步深入研究的同学，说不定有朝一日他们还会与鲁帕尔、杰克和我在英格兰银行并肩工作呢。

长久以来，我一直觉得，在英格兰银行工作为我们提供了用经济学“为英国大众谋福利”的机会，诚如其使命所言。正因其特殊的角色和由此承担的责任，我十分欣喜英格兰银行出版了这本书。我们要深深地感谢鲁帕尔和杰克及其他许多为此努力的同事，他们为经济学这门学科提供了有趣且丰富的介绍。这门学科虽然常常被嘲笑，特别是事不遂人愿的时候，但我相信，它有助于让世界变得更加美好。读完这本书，相信你会理解的。

Can't We Just Print More Money?

目 录

Can't We Just Print More Money?

引　言

经济学不是万能的，但它几乎是万能的

Can't We Just Print More Money?

要点前瞻

英格兰银行看起来像一个令人望而生畏的地方。它坐落于伦敦金融城中心的针线街上，建筑装饰着古典圆柱、精美石刻和华丽的雕像。它宏伟的正门让人觉得这是一座堡垒，门口常有守卫站岗，他们看起来很严肃。

3 个多世纪以来，英格兰银行作为英格兰（后来是英国）的经济象征，一直矗立于此。尽管如此，英格兰银行总部与其他机构的办公室并没有什么不同。每个工作日的早晨，数百位略带困倦的经济学家和其他工作人员都会走进那扇宏伟的大门。中午时分，他们也和其他白领一样外出活动筋骨，离开屏幕，出去就餐。

如果你跟着其中一位去吃午餐，你会发现，经济学不仅只是英格兰银行内部的事，它无处不在。以吃饭为例，在伦敦金融城里有 500 多家餐馆、咖啡厅和外卖店，它们提供日本寿司、意大利开胃菜、中东肉卷、英国老式炸鱼薯条等丰富多彩的食物。[1] 但是谁来决定供应哪些食物？店主如何决定卖甜甜圈还是纸杯蛋糕？为什么每条街上有十几家咖啡馆，却只有一个地方卖鳗鱼冻？

答案从决策开始，即数以千计外出就餐的人们的个体决策。饥饿的经济学家决定在最近的超市解决午饭，而不是去附近一家更时尚、更昂贵的手工面包店。这看起来似乎是一个平凡的决定，但实际上关乎如何最优使用时间和金钱的经济决定，并且考虑到了个人偏好和预算限制。

为三明治和脆饼付钱的时候（经济学的第一条规则是：天下没有免费的午餐），经济学家会稍微思考一下这些食物是如何出现在超市货架上的。首先，有人种植小麦，然后把小麦运到工厂，由工人制作成面包；其次，把面包制成三明治时要用到许多其他食材（其中许多是进口的）；最后，三明治被装到一个其他工厂生产的盒子里，再被运到超市。

换句话说，有数百家甚至数千家生产方的参与和联动才能最终制作出经济学家从超市购买到的午餐，而且其中任何一个人或任意一家公司都不太可能只是为了我们的经济学家能吃到一顿可口的午餐才生产这些面包。这就是经济学家所说的市场的力量，它能协调数百万个个体的决策，并最终形成一个理论上适合所有人的结果，如三明治在需要的时候出现在超市的货架上。

离开超市后，我们的经济学家开始寻找环境舒适的地方就餐。或许河边是一个不错的选择。他们向南走到泰晤士河，在河边的长凳上坐下，看着河水奔流。今天的水位看起来特别高，可能是涨潮了。他们清楚现在泰晤士河的水位处于历史最高点。从 1694 年英格兰银行成立以来，泰晤士河的水位已经升高了 1.5 米。[2] 因全球变暖而持续升高的海平面意味着这一趋势或将继续。

这是让经济学家得到可口的三明治的市场力量的反面。在这种情况下，几十亿人的决策联动并没有带来积极的结果（按时提供食物），而是带来了负面的结果（气候变化）。经济学可以帮助我们理解这些决策，以及如何应对由此产生的各种问题。

吃完午饭，经济学家决定沿着河岸散步。他们向东走，经过伦敦塔和塔桥，到达伦敦港。数十年前，这个港口还是一派繁忙的景象，成百上千的工人忙着装载和搬运货物。在 20 世纪的大部分时间里，伦敦港等工业港口是英国经济发展的引擎，做出了重要的贡献。港口工人的工作、他们使用的技术及码头本身都是经济学中关于经济增长的重要主题之一。

利物浦、贝尔法斯特、卡迪夫等城市的港口，曾经使英国成为世界商业中心。英国向全球各地运送钢铁、煤炭、汽车、机械零部件等货物。如今，这些港口变得安静了许多，多数仓库被改造成了新潮的餐厅和办公室。为什么英国以前能向全球运送那么多货物？为什么如今出口的成品相对少了许多，相反还要进口水果、T 恤衫等诸多商品？贸易经济学和比较优势理论可以帮助我们理解这一点。

是时候回去工作了，但在返回办公室之前，我们的经济学家决定喝一杯咖啡。他们在自动售货机上购买咖啡，并不需要从钱包里找出硬币来进行支付，而只要用手机轻轻一扫。他们暗自赞叹这种变化，因为银行再也不需要费时费力地制造那么多实体货币了。数字世界如何与纸币、硬币甚至英格兰银行金库里的金条联系起来？货币的本质是隐藏在我们日常生活中的重要的经济学主题之一。

在返回办公室之前，我们的经济学家又沿着泰晤士河向东望瞭望。映入眼帘的是伦敦东部的摩天大楼建筑群，楼身醒目位置嵌刻着世界规模最大的那些银行的名字。不管有没有这些银行的账户，人们几乎都知道这些名字。它们出现在全国各地的大街上。人们信任它们，把辛苦赚来的钱交给它们打理。需要贷款的时候，人们也会找到它们。它们创造了我们日常生活中所使用的大部分货币，大多数人并没有意识到这一点。

在回办公室的路上，经济学家开始思考下午的事务。今天，英格兰银行的决策委员会要决定是否调整利率。这个决定会对经济学家在午餐这段时间涉及的每个人产生影响。这会影响他们的利息收入、按揭贷款的成本，甚至下次出国度假时的汇率。然而，许多人并不知道调整利率的决定是如何做出的，也不知道它将如何影响他们的生活。

就在踏入银行大门之前，他们遇到了一个读书时的朋友，她似乎也在这条街上工作。他们已经多年未见。他们聊了天气、社交计划和英格兰银行的工作。在告别之前，这位朋友问了经济学家一个问题："我不明白，为什么你们不能多印点钱呢？"经济学家决定暂时先不讨论这个问题，因为他们下午还要开会。这个问题也许需要写一本书来解释。

经济学和你想的不一样

经济学家的朋友不理解为什么银行不能无限制地印制钞票，这很正常。经济学影响了所有人的生活。每当你在思考是去上班还是休息、是消费还是把钱存起来、是出去吃还是在家做饭时，都是在做经济决策。一些宏观的经济概念，如全球贸易、税收、财政支出等，几乎会影响你生活的方方面面。然而大多数人并不理解经济学到底是什么。

狭义上说，经济学是一门研究如何应对资源稀缺性的人类行为科学，即如何最优地分配我们周围有限的资源，包括土地、人口和时间。广义的经济学则关乎一切，即人们每天做出的无数个决策累积产生的效应，以及他们与世界上其他事物互动的方式。事实上，经济学介于两者之间。至少从古希腊开始，人类就试图通过组织管理事物的方式来理解周围的世界。事实上，“经济学”这个词就来自希腊语“家庭管理”（economos），其中“eco”代表家，“nomos”代表账户。研究如何组织管理事物及其与人们日常生活的联系就是经济学的核心，即关注我们如何分配时间、精力和金钱，以及这些元素之间如何彼此互动、如何和我们周围的世界互动。

早期的经济学介于以下两个问题之间：一是人们如何分配资源，二是社会如何运作及应该如何运作。亚里士多德从组织管理的角度解释经济学，但也加入了伦理维度。他提到，人们应该以“公平价格”进行交易，并认为从道德角度来看，金钱是邪恶的东西。他提出，经济学是一种自然的追求，是人们实现优秀良善本质的重要组成部分。

近 2000 年之后，现代经济学之父亚当·斯密写下了经济学的奠基之作《国富论》。他认为，人们从自利的角度出发，可以使资源得到有效分配，并且提高了全人类的福祉。但是，亚当·斯密也考虑了经济学的道德维度。[3] 此前数年，他还撰写了一本非常重要但不那么有名的书《道德情操论》。这本书主要探讨的就是经济学中的道德和社会问题。

长久以来，经济学存在两种截然不同的观点：一种聚焦资源分配，另一种则试图解释社会的运行，这两种观点一直是经济学家争论的话题。20 世纪最有影响力的思想家之一约翰·梅纳德·凯恩斯（John Maynard Keynes）曾经说过，伟大的经济学家必须全面考虑人的本性和制度。[4] 最近，剑桥大学经济学家戴安·科伊尔（Diane Coyle）指出，经济学背后有一个隐含的、不可避免的道德框架，尤其是在制定经济政策时。[5]

这种更广泛的经济学视角隐含着一个事实，即经济学不是在真空中运行的。如何以最好的方式分配我们所拥有的资源，做出这个决策需要进行价值判断，即我们想要什么样的社会。经济学可以辅助人们做出这个决策。这意味着它与更广泛的政治和社会问题有着内在的联系。简而言之，经济学是一门社会科学。

在历史上，有些经济学家强调经济学中的“科学”部分。19 世纪末，凯恩斯的导师、经济学家阿尔弗雷德·马歇尔（Alfred Marshall）开始将经济学引领至更科学的道路上。他希望这门学科更像一门科学，不再只是哲学和道德辩论。[6] 经济学家开始构建充斥着方程式的数学模型，试图归纳出人们如何做出决策和各要素之间的互动关系——这种方法更像是物理学范畴而不是心理学或社会学范畴。在某些地方，经济学甚至变成了火箭科学：经济学家借鉴了最初用于弹道导弹巡航系统的建模技术。[7]然而，在职业生涯结束之前，马歇尔只把数学视为一种工具，认为人们应该谨慎地使用它，因为在最坏的情况下，数学甚至可能成为经济学家的障碍。尽管如此，他推动的经济学学科化影响深远，并主导经济学研究长达一个世纪。

然而，近些年来，经济学变得更加广泛和多样。例如，行为经济学等领域已经与其他学科建立联系，指出人类并不仅仅只有冰冷理性的计算，如果要理解人们的经济行为，就必须研究他们内心的想法。如今，经济学家开始融合社会学、心理学甚至生物学的理论，以实现对这门学科更全面的理解，即将马歇尔所寻求的科学严谨性与亚里士多德、亚当·斯密所倡导的多元视角相结合。

这对当代经济学产生了哪些影响？现代经济学有许多细分的领域。经济学家研究金融市场、贫穷问题、生态系统，甚至人类的幸福。他们的研究涉及我们为什么要工作及如何工作，我们消费什么和制造什么，以及如何与其他国家及各种自然资源互动等。

与生活息息相关的经济学

经济学很重要。它不只对坐在房间里玩弄数字的经济学家重要，对你和周围所有人也很重要。我们生活中的大多数重要问题都与经济学有关。无论出生在富裕国家还是贫穷国家，人们的生活水平都与许多重要的经济因素密切相关。经济增长与气候变化的关系也是经济学关注的问题，对于如何应对不断升级的气候危机，经济学能帮上许多忙，以便于我们以更高效和可持续的方式利用有限的资源。[8]

然而，经济学也研究一些日常的问题。比如，哪些因素决定了你的加薪幅度，你每个月的开销是多少；是消费还是存款，你如何做选择。经济学可以帮助你回答这些问题。

以上这些都表明，理解经济学将对你的生活产生巨大的影响。经济学能让你更幸福、更健康和更富有。举例来说，经济学知识已被证明可以提高人们的预期寿命、心理健康水平和全生命周期的收入水平。对此，大多数人都理解。在英国，估计有超过 80% 的人认为经济学与他们的日常生活相关或紧密相关。[9] 你在阅读这本书本身就意味着你已经明白了这一点。

但人们的理解依然存在一些偏差。人们都明白应该理解经济学，也想理解经济学，但事实并不尽如人意。2020 年的一项研究发现，大众对失业率、通胀率等基本经济指标如何收集和计算了解有限。[10] 斯坦福大学商学院全球金融素养卓越中心（GFLEC）的研究表明，全世界只有 1/3 的人具备基本的金融素养。这种状况与一些负面因素有关，如金融包容性低、与周围的金融环境脱节等。[11] 相关调查进一步证明了这一点，尽管媒体、政府等不断通过宣传向公众普及金融知识，大多数公众依然认为无法理解一些经济现象。[12]

经济学家也爱莫能助。那些用复杂的数学公式表达的抽象模型通常建立在令人诧异的假设之上，它们会让经济学看起来像是来自另一个世界，与亚里士多德感兴趣的日常家庭管理毫无关系。另外，经济学家也并非都擅长沟通。英格兰银行前首席经济学家安迪·霍尔丹（Andy Haldane）曾说："如果某位经济学家在与你交谈时盯着你的鞋子，而不是他自己的，那么他已经算是一位擅长社交的经济学家了。"

身为英格兰银行的成员，我们也经常对此感到内疚。英格兰银行成立于 1694 年，旨在"提升人民的福祉"，即提高当时的英格兰人民的福祉。[14] 这一崇高的目标被写入了英格兰银行的创始章程，这听起来显然比"帮助国王筹款以应对一场对抗法国的战争"要好一点，但是后者可能更真诚一些。[15] 这一目标至今仍是英格兰银行的核心宗旨。

英格兰银行一直都是英国经济不可或缺的一部分，但它的重要性并不是显而易见的，并且与大多数人的生活没有太大关系。某位前行长曾说，英格兰银行"永远不应道歉，也无须解释"，这显然并不是增进理解的理想方式。[16] 在我们开始用晦涩难懂的语言与极少数能听懂的公众沟通之前，在伦敦金融城，有些人甚至声称能够通过观察银行行长眉毛的变化来解读经济信息。

这些情况表明，我们这些英国央行工作人员已经失职。为了有效地履行 3 个世纪以来的宗旨，我们必须与我们所服务的民众更好地互动。这意味着我们必须从鞋子上抬起目光，以人们认为有用的方式与他们进行交谈。

近年来，英格兰银行努力尝试让人们理解其决策背后的逻辑，并向公众普及经济学常识。比如，在公立学校开设经济学讲座，创建经济学在线资源平台，甚至与漫画周刊《比诺》（*Beano*）合作，为青少年（也包括一部分成年人）提供有趣好玩的经济学知识。最近，我们还在英国各地举办论坛，以了解公众对经济的看法。

本书就是要继续完成这一使命，它将带你了解影响你周围世界的一些核心经济概念。每一章都尝试回答一个曾被朋友、家人或者公众问到的问题，包括为什么我们的衣服都是在国外制造的，究竟什么是钱等。

我们先从“微观经济学”开始，微观经济学与个人、企业所做的决策有关。在第 1 章中，你将了解什么是市场，以及它如何决定商品的价格。在第 2 章中，我们将转向市场失灵，如垄断、气候变化等各种问题。在第 3 章中，我们将研究经济学家如何开展工作，以及即使在持续增长的经济体中，影响劳动力市场的力量是如何导致失业的。

第 4 章会转向“宏观经济学”，即将无数个体决策结合在一起，把经济视为一个系统。我们将解释经济增长的原因：自然资源、劳动力、机器和专业知识的结合如何创造我们所能衡量的经济产出，以及如何提高全世界人民的生活水平。在第 5 章中，你还会看到各国之间进行贸易的根本原因，以及贸易如何让全世界变得更好。在第 6 章中，我们会讨论通货膨胀，即货币逐渐贬值的过程，以及为什么这并不总是一件坏事。

在第 7 章中，你将了解你口袋里的钱，它远不止是一块金属或一片塑料，而是一个社会信用体系，是人类历史上运行最持久的制度。在第 8 章中，我们会介绍中央银行（以下简称“央行”）在经济平稳运行方面所起的作用。然而，事情并不总是像我们所希望的那样顺利，所以在第 9 章中，我们会介绍历史上发生过的严重的经济危机并解释它们发生的原因。在第 10 章中，你将了解经济决策机构如央行和政府，可以采取哪些措施促进经济持续发展。

为什么你可以信任我们？因为我们，本书的作者，是英格兰银行的经济学家。我们花了几十年的时间研究复杂的经济学，并将所学用于应对近年来发生的如英国脱欧等一系列重大问题。我们还花了很多时间思考如何更好地向更多的受众传达这些想法，无论是通过学校的系列讲座还是银行的网站。这本书汇聚了英格兰银行数十位经济学家的专业知识，下文都是在与专业政策制定者讨论后撰写的，纳入了专家们对通货膨胀、经济增长、失业、货币政策等各个方面的意见。这将是一本既权威又易读的书。

希望你读完这本书之后，能更好地理解我们所在的经济世界，并且将经济学知识融入日常生活。比如，在酒吧里自信地与别人谈论通货膨胀或利率，或有理有据地向老板要求涨薪，或更深入地参与这个时代的大辩论，如关注气候变化如何影响 GDP 等。

经济学并不是万能的，但它几乎是万能的，特别是如果被运用得好的话。所以，经济学知识普及率更高的世界应该是一个更美好的世界，对吧？

Can't We Just Print More Money?

01

我的早餐从哪里来

供给与需求的交汇点：市场的力量

Can't We Just
Print More Money?

要点前瞻

星期六的早晨，你要和几个朋友一起吃早餐。早餐的选择五花八门：你可以去廉价餐馆买一份油炸食品；也可以去 Greggs 快餐连锁店买一份早餐面包，然后坐在公园的长椅上慢慢享用；或者也可以去附近的手冲咖啡店，买一份都市千禧一代都爱吃的涂满牛油果的吐司。

你有没有想过这些早餐从哪里来？被称为“经济”的抽象概念如何为我们提供如此令人眼花缭乱的消费品（鸡蛋、面包、牛油果）？这些东西如何从世界各地来到你身边，使你在想要吃早餐的那一刻有如此多的选择？这些食物怎么会这么便宜，让你和你的朋友们都能负担得起？

这也许就是经济学中最基本的问题。在一个资源稀缺的世界中，如何确保我们在需要时能得到自己想要的资源？经济学家会把这个问题归因于市场，即企业和消费者之间的频繁互动和相互作用，为我们带来了各式各样的商品、服务以及不同的价格。

你和油炸食品、面包、牛油果都是经济学的核心。你是经济不可或缺的一部分。想要了解你的早餐来自哪里，需要从你所做出的经济选择开始。

眼花缭乱的每日选择

每天你都要做出几十甚至上百个选择。有些选择可能看起来很小，如午餐是吃百吉饼还是在家做沙拉？坐公交车还是开车？也会有一些更重要的选择，如是否换新工作？是存钱买房还是多买几份牛油果吐司？[1]

为什么你需要做这么多选择？因为我们生活在一个资源有限的世界里，会受到各种因素的约束，不能为所欲为。比如，我们消费时会受到预算的限制；再如，我们会受到自然资源的限制；或者受到一天只有 24 小时的时间限制。

这些选择往往以复杂的方式相互作用。作为一名员工，你选择工作优先还是娱乐优先？工作会让你赚更多的钱，缓解预算约束，增加你买东西时的选择，但也会消耗你的时间。你工作的时间越多，享受劳动成果的时间就越少。

或是想想你作为消费者所做的选择。你会把钱都花光，还是存一些以备不时之需？如果是后者，你会存多少钱？存多长时间？如果你选择把钱花光，你会买蓝色连衣裙还是红色连衣裙？花生酱还是巧克力酱？可口可乐还是百事可乐？油炸食品还是牛油果吐司？根据选择的不同，你可能需要不同的工作，甚至需要换工作才能支持这些选择。

为了了解这些选择在现实生活中如何发挥作用，让我们回到 2009 年初，回到漫长世纪结束的那个时刻。2009 年 2 月 21 日，英国连锁超市伍尔沃斯（Woolworths）的最后一个自选散称糖果区以令人唏嘘的 14 500 英镑（约合人民币 13 万元）被出售。对于那些每周都在市中心闲逛、把钱花在糖果区上的人来说，这是一个悲伤的日子。在过去的一个世纪，伍尔沃斯的散称糖果区已经成为英国甚至全球的文化标志之一，布满整面墙的颜色和形状各异的糖果，有可乐瓶糖、豆豆软糖和巧克力纽扣糖等。这是书本之外能找到的最接近威利·旺卡的巧克力工厂的地方。

你可能没有意识到，购买糖果的过程其实是消费行为的一个完美缩影。不管你有多少种赚钱的方式，赚了多少钱，你都有预算限制。糖果的选择也有很多选项。当然你也有自己的个人偏好。有些人喜欢可乐瓶软糖，所以会用所有的零花钱买一整袋。有些人可能更喜欢葡萄干裹上巧克力。大多数人可能喜欢每样都来一点，多拿几个自己喜欢的口味。

如果预算有限，那么你必须做出取舍。散称糖果区是以称重计价的。如果某种令人垂涎欲滴的糖果很重，你会选择它，还是会选择另外几种比较轻的糖果呢？如果你的购物篮太重，不得不把一些糖果放回去。你应该不会把只拿了一个的糖果放回去，而是会把拿了 20 多个的糖果放回去一些。不知不觉中，每个站在糖果墙前面的人都面临着同样的选择：根据自己的偏好权衡取舍。

每天，我们都会结合自己的偏好和各种限制，选择把钱、时间和精力花在哪里。你做出选择的指导原则是什么？是在各种各样的限制下获得最大利益，即过最好的生活。经济学家倾向于认为消费者决策的基础在于每个人都试着从资源限制中获得最大利益。

效用最大化与机会成本

这种现象可以概括为一个略显抽象的概念：**效用**。效用有时被定义为人们从消费品中获得的愉悦感或者满足感，消费品可以是任何你所偏好的东西，如一套新衣服，或者一个汉堡。按照经济学的说法，效用就是让你的利益最大化的东西。这正是你在权衡散称糖果区的购物篮时想做的，即从糖果的不同组合中获得不同程度的满足感，因此你对它们的估价也不同。

“效用最大化”的说法可能会让人有点不知所云。工作的效用不只是你赚了多少钱，尽管这也很重要，但还包括愉悦感、成就感和价值感。因此，当有人接受比别处更低报酬的工作时，这并不是经济学基本规律的失常，而只是意味着他们在考虑了更多的因素后，从这份工作中获得了更大的效用，或者说，更大的利益。另外，这个基本规律建立在个人基础之上，即人们通过权衡各种因素来让自己的效用最大化。

在现实生活中，这意味着衡量某个事物的成本。成本可以有多种形式，典型的成本有购买东西支付的货币成本，即价格，价格通常与效用密切相关。你从某个事物中获得的效用越大，就越愿意为它支付更多的费用，因此你愿意支付的价格可被视为效用增大的信号。

但成本并不只有这一种。经济学家对成本的思考角度略有不同，成本不仅反映了你所付的钱。经济学家经常谈论的还有**机会成本**，即某件事物的成本不只是金钱，还包括你因为选择这件事物放弃或失去的事。例如，自己剪头发的确比找理发师便宜，但你为此付出的时间呢？你花费的时间可能是理发师的 2 倍，你本可以用这些时间做其他事情。自己剪头发是以牺牲本可以用来做其他事情的时间为代价的。如果你要参加面试，但因为自己剪的头发太丑而丢了一个宝贵的工作机会，那又该怎么算？看来自己剪头发的机会成本似乎更大，不太值得。

记者兼作家蒂姆·哈福德（Tim Harford）有一个很好的表述，这个表述启发我们从机会成本的角度思考如何改善我们生活中的大部分决定，对那些很难拒绝别人的人尤其有用。[2] 他建议从不同的角度重新思考你的选择，当你决定做某件事时，不要考虑你在对什么说“是”，而要考虑你在对什么说“不”，说“不”即机会成本。同意加班意味着拒绝给女儿读睡前故事；同意在聚会时再喝一杯，就意味着失去了第二天的晨跑和清醒的头脑。

这些机会成本在经济学中无处不在，如人们经常提到的购买廉价商品的“**表面实惠**”，或者更昂贵的东西总是能在其提供的机会中“回本”。这是日常生活中的机会成本。在本书中我们会反复提及这个概念，比如上大学（或不上）的机会成本、专注于你并不擅长的（而不是你擅长的）工作的机会成本。

需求决定你的取舍

这些权衡取舍的结果将决定你对每种事物的需求到底有多强烈。

当你决定买什么早餐或者不吃早餐的时候，都在决定你的需求。需求是经济学的基石之一。要想理解经济中的需求，要从**需求定律**开始。

需求定律是经济学中的基本定律，是指当某种物品变贵时，人们对它的需求会下降；当它变便宜时，人们的需求会上升。这就是为什么公司会在库存高的时候选择降价促销。这在经济学中是少有的：既符合直觉，又有许多数据和理论研究支撑。

以酒吧的畅饮时光为例。畅饮时光的折扣大多出现在傍晚，即人们真正想去酒吧畅饮之前的时段。然而，酒吧 60% 以上的酒水销售来自畅饮时光。[3] 售卖的是相同的酒水，为什么会出现这样的情况？原因是不一样的价格。畅饮时光的酒水更便宜，引发了更多的需求，正如需求定律所阐述的那样。同理，亚马逊会员日打折卖出的智能音箱明显多于其他时候，尽管提供的产品是一样的。

经济学家倾向于将这种现象分解成两个不同的部分。首先，更低的价格意味着可以购买更多的产品。相对来说你会变得更富有，如 10 英镑可以买到 3 瓶啤酒，而不是 2 瓶，[4] 这被称为**收入效应**。其次，你购买的这件东西比其他东西便宜，所以它更有吸引力，从而有可能替代其他东西。在畅饮时光中，你可能要放弃不在此范围内售卖的酒水，如选择鸡尾酒而不是红酒，甚至提前透支未来用来买酒水的钱。我们都见过在畅饮时光最后 2 分钟跑到酒吧的那些人，他们正是在用此刻相对便宜的酒水代替之后更贵的酒水。这种因为价格相对便宜而转向某种东西的现象称为**替代效应**。

虽然需求定律在一般情况下是正确的，但不同的商品可能也会导致不同的需求。对某些商品来说，价格的微小变化可能导致需求的大幅波动。但对另一些商品来说，即便价格大幅波动，对需求也几乎没有影响。这种对价格变动做出反应的敏感度被称为**需求价格弹性**。

以塑料袋为例。2010 年，威尔士政府决定对塑料袋收费，而在此之前，塑料袋基本上是赠送的。紧随其后的是北爱尔兰、苏格兰，最后是英格兰。塑料袋收费的目的是阻止人们使用塑料袋，减少一次性塑料对环境的负面影响。但实际上塑料袋价格的涨幅相对较小，至少从绝对价格来看是如此，只从 0 便士上涨到 5 便士。政府所希望的是，塑料袋的需求对于价格是敏感的。他们做对了，即使是小幅涨价，一次性塑料袋的使用量也减少了 90% 以上，而其他材料的购物袋，包括可以长久使用的购物袋，也减少了 20% 以上。[5]

此外，你可以想象一下，有一种寄生虫可以爬进人的大脑，引起失明、瘫痪，甚至致命。幸运的是，有一种药物可以杀死这种寄生虫并且保护人们免受感染。你愿意花多少钱买这种药？应该是很多。图灵制药前 CEO，被称为“制药大亨”的马丁·什克雷利（Martin Shkreli）也这么认为，因此他将达拉匹林的价格从 13 美元上调至 750.6 美元，而达拉匹林正是一种保护免疫系统脆弱的人免受弓形虫感染的药物。[6]他希望的是，人们对这种药物的需求使得人们对价格不敏感，即使价格大幅上涨，人们的需求并不会明显减少。

事实证明，什克雷利误判了市场，公众的强烈反对和更便宜的替代药品使得图灵制药的销售额迅速下降，利润也随之下降。然而，一些不那么极端的例子表明，需求弹性低往往意味着即便价格上涨，也不会导致需求的显著下降。比如，汽油价格要上涨多少才能使你下定决心上班时少开车？

这种非弹性需求也可能是由具有成瘾特性的物品引起的。典型的例子是香烟。经历过戒烟痛苦的人都会告诉你，在那种时刻，你绝对不会介意为下一根香烟多花 50 便士。2013 年的一项研究发现，香烟价格每上涨 1%，需求仅会下降 1% 的 1/3。[7] 这意味着，在英国，平均每包 20 支的香烟的价格上涨 10%（每包大约多出 1 英镑），需求只会减少 3%，即每包不到 1 支。

替代选择如何影响购买决定

然而，需求定律并不能解释所有经济情况。一些与价格无关的因素也可以推动需求的增加或减少。同样以香烟为例，20 世纪 60 年代中期是香烟需求的高峰期，至少在美国是这样。比如，在 1963 年，大约 40% 的成年人吸烟。事实上，他们的吸烟平均量相当于每个成年人每天至少吸半包烟。[8]

20 世纪 60 年代后期，人们终于意识到吸烟会对健康产生危害。公共政策强调了其负面影响，并改变了社会的风向。公众对香烟的看法发生了变化。最近一项在英国中学生（11 ～ 15 岁）中展开的调查显示，19% 的人尝试过吸烟。这个数据令人震惊，但是 30 年前这个数字已接近 50%。经常吸烟者的趋势与此相似：2016 年，该年龄段的儿童中只有 3% 是经常吸烟者，而 30 年前这一比例为 10%。[9] 这种社会品味和时尚的变化使半个多世纪以来人们对香烟的需求持续下降。在英国，2011—2018 年，香烟需求下降了 25%，这意味着香烟消费量减少了近 250 亿支。[10]

上述这些分析表明，价格并不能决定一切。[11] 品位、时尚和偏好的变化是难以捉摸的，并且总是会导致某些需求的变化。例如，如果某个产品得到名人的代言，其需求就会上升；但如果某个产品在社交媒体被禁止，其需求就会下降。同样，随着人们越来越意识到自身的消费对社会和环境的影响，对不道德的或破坏环境的产品的需求也在下降。

收入也会改变你的需求。这可能是绝对意义上的——当你能赚更多的钱时，你的预算约束就变松了，你有更多的钱用于消费，从而可能比以前花得更多（即使是你曾经认为很贵的商品）。从相对意义上讲也是如此。按绝对值计算，或者按肉类消费占人们总收入的比例计算，随着国家变得越来越富裕，人们倾向于消费更多的肉类。1961年，中国每人每年的肉类消费量不到4千克，对许多人来说肉类是稀罕物。[12]但如今，这一数字已经接近63千克，在人均收入中占比也提升了很多，正在逼近美国、英国等国家的消费份额。[13]

一些导致需求变化的因素与产品本身无关。想想世界上最受欢迎的碳酸饮料吧。当可口可乐的价格上涨时，你预计百事可乐的需求会发生什么变化？对于一些铁杆粉丝来说，品牌本身就是一切，没有什么能让他们改变。但对其他人来说，如果可口可乐变得更贵，他们就会转向百事可乐。回想一下畅饮时光例子中的替代效应，可口可乐和百事可乐互为替代品，所以如果其中一种价格上涨，人们就会换成另一种。一种东西的价格对另一种东西的需求的影响被称为需求的**交叉弹性**。

在类似可口可乐和百事可乐的案例中，交叉弹性是正数：这意味着随着一种产品的价格上涨，人们对另一种产品的需求也会上涨。然而，对于某些商品来说，交叉弹性是负数：随着一种商品的价格上涨，人们对其他商品的需求会减少。想一想，当 Xbox 价格上涨时，对 Xbox 游戏的需求会产生什么影响；或者当咖啡价格上涨时，对甜甜圈的需求会发生哪些变化。这些产品被称为互补品：某种产品的需求与另一种产品有关，如果其中一种产品的价格上涨，你会买得更少，而对另一种产品的需求也会下降。

虽然存在这些情况，但我们可以肯定地说，需求定律仍然适用。一个清洁用品品牌无论多么受欢迎，如果它变得越来越贵，人们也会开始寻找其他的替代品。无论你的工资多高，如果要在两瓶相同容量的牛奶之间做出选择，你也很可能会选择更便宜的。当可口可乐价格上涨时，人们转而购买百事可乐。需求受到价格的影响，在通常情况下，商品越便宜，人们就买得越多。

像经济学家一样思考

让需求定律失灵的“炫耀性消费”

需求定律并不总是成立的。在少数情况下，提高某种东西的价格实际上会让人们想买更多。其中一个可能的原因是炫耀。回想一下，当你在餐馆的时候，约会对象坐在你对面，服务员走过来给你酒单。你会点什么？你可能会考虑什么酒与食物最相配，还可能会考虑葡萄品种的来源和特定年份的气候条件。或者，你会和至少 21% 的人一样，选择酒单上第二便宜的葡萄酒，因为你不想显得小气，但你对葡萄酒的了解或关注程度不够，无法选择最昂贵的葡萄酒。[14] 在这种情况下，需求定律似乎失效了：如果第二便宜的葡萄酒降价，价格低于最便宜的那种葡萄酒，你的需求反而会消失。价格贵实际上会让你想要更多，也许第二便宜的葡萄酒不算奢侈品，但这个原则适用于跑车、艺术品等各种奢侈品。人们在意的是购买昂贵的东西这件事情本身向周围世界发出的信号，所以价格越高越好。1899 年，美国经济学家托斯丹 · 凡勃伦（Thorstein Veblen）将这种现象命名为“炫耀性消费”，符合这一现象的商品被称为**“凡勃伦商品”**。

此前数年，苏格兰经济学家罗伯特 · 吉芬（Robert Giffen）发现了一种不那么光鲜亮丽的违反需求定律的现象。[15] 根据对英国维多利亚时代的观察，吉芬注意到，随着面包价格的上涨，生活在城市贫民窟的贫困家庭对面包的需求反而越来越高。这是一个奇怪的现象。为什么这个国家最贫穷的人在面包价格越来越高的时候反而买得更多呢？与凡勃伦商品不同，这显然与炫耀无关。事实上，他们必须在面包等必需品和价格昂贵的肉类等奢侈的东西之间分配他们仅有的收入。当面包价格上涨时，这些家庭不再有足够的钱购买奢侈的东西（肉），所以干脆把剩下的钱都用来买面包。

符合这种现象的商品被称为**“吉芬商品”**。如今它们依然存在，尽管比 19 世纪时更罕见。2008 年，美国经济学家罗伯特 · 詹森（Robert Jensen）和诺兰 · 米勒（Nolan Miller）对中国的大米需求进行了详细研究，发现了与维多利亚时代英国的面包相同的需求特征。[16]

这就是需求。作为消费者，你在权衡了一系列选项之后做出选择，这种选择在经济活动中比比皆是。但这并不是全部，还有其他一些经济主体在供应我们想要的东西。这些经济主体就是企业。

企业追求什么

在经济学中，企业就是一群人聚在一起，制造出物品来进行销售。要做到这一点，他们需要各种“投入”：工人、机器、原材料等。企业有多种形式：一家需要钻机、土地和技术人员来生产铁矿石的大型矿业公司；一位善于编织的人将羊毛组合在一起，制作一件套头衫并在网站上出售；一家手工面包店，为客人提供牛油果和烤面包的美味组合。

就像消费者一样，企业必须做出决定，即生产什么，生产多少，以什么价格出售。经济学的基本假设是，任何企业的最终目标都是尽可能多地赚钱。或者准确地说，是为了最大限度地提高企业的利润，即企业支付了所有成本后剩下的钱。

但企业如何实现利润最大化呢？这是许多企业思考的一个问题。经济学家的答案是继续生产更多的产品，直到多生产某件产品的成本超过销售这件产品所获得的额外收入，然后停止生产。

多生产某种产品所产生的影响被称为**边际效应**，这对经济学家和企业来说都是一个有用的概念。为了更详细地理解它，想象一下你经营着一家生产 T 恤衫的企业，你以每件 T 恤衫 20 英镑的价格卖出 100 件，而 T 恤衫的制作成本为每件 15 英镑。你收入了 2 000 英镑，成本是 1 500 英镑，所以你赚了 500 英镑。

现在，假设你决定再多生产 1 件 T 恤衫，即 101 件 T 恤衫。为了说服顾客购买，你把价格降到了 19.99 英镑，而你的收入上升至约 2019 英镑。重要的是，你实际上降低的是所有 T 恤衫的价格，而不仅仅是额外的一件 T 恤衫的价格。这意味着这件额外 T 恤衫的边际收益为 19 英镑。如果你的成本没有变化，再多生产一件 T 恤衫的边际成本是 15 英镑，那么你的利润将增加 4 英镑。多生产一件 T 恤衫所获得的额外收入高于额外成本，所以你这么做是对的。

到目前为止，这看起来还不错。但如果要生产 102 件 T 恤衫会怎么样？好吧，要想卖掉那件 T 恤衫，你需要把价格从 19.99 英镑降到 19.90 英镑。你的边际收益仍在增加，这次只增加了 10 英镑。这似乎违反直觉，但请记住，你必须同时降低其他 101 件 T 恤衫的价格。这 10 英镑的边际收益现在低于其边际成本，即 15 英镑。所以，尽管 19.90 英镑看起来大于 15 英镑，但比起只生产 101 件 T 恤衫，你实际上增加了更多的成本。你不应该这么做。

这一过程意味着，如果一家企业理性行事，它将继续生产产品，直到其边际收益与边际成本完全匹配。此时企业的利润将实现最大化。若产量少于这个值，企业就失去了额外的利润；若产量超过这个值，企业的利润反而降低了。

对某些人来说，追求利润最大化似乎令人反感。然而，从经济意义上讲，这通常是激励企业生产消费者想要的产品的有效方式。事实上，根据某些经济学家的说法，企业追求利润不仅是有效率的，而且是一种道德义务。

像经济学家一样思考

追求利润最大化的“弗里德曼主义”

20 世纪最有影响力的经济学家之一米尔顿·弗里德曼（Milton Friedman）于 1970 年在《纽约时报》上发表了一篇著名的文章，这篇文章的标题非常引人注目，即“企业的社会责任在于增加利润”。[17]

他的论点是，如果社会中的个体看重具备社会责任感的生产方式，那么他们会选择把钱花在以对社会负责任的方式生产的东西上。如果人们看重对气候负责任的活动，那么他们会选择把钱花在这些活动上。但如果人们对这些东西的重视程度不够，不愿意将钱花在这些东西上，那么企业有什么权利替他们做出决定呢？这不是企业该做的事情。弗里德曼认为，如果他们这样做了，那是有害的。如果企业因为选择做一些“合乎道德”的事情致使利润减少，这实际上是从股东和员工的口袋里拿走了钱，这也意味着某些人花在自己看重的事情上的钱变少了。这种分析被称为“弗里德曼主义”。

不出所料，这是一个有争议的论点。弗里德曼主义被提出后，受到了很多批评，尤其是它认为个人有足够的信息和能力做出购买“合乎道德”的产品的决定。弗里德曼主义也与现代企业的社会责任相悖。在现实世界中，企业不仅仅是没有灵魂的逐利机器，至少，并不是所有的企业都是如此。如今，许多企业将道德和环境问题置于决策的核心，并认为这是与实现利润增长同样重要的因素。当然，愤世嫉俗的读者可能会说，这在一定程度上也是关于利润最大化，即企业试图通过表现出比竞争对手道德品质更好的形象来赢得越来越重视道德伦理的客户。

在经济与社会的交互方面，弗里德曼主义是得到了经济学家普遍认可的理论。在弗里德曼主义下，每一家企业都无情地追求利润最大化。他们不断地生产产品，直到开始减少其利润为止。这样可以使每个人都受益。

为什么价格过低，企业难以生存

无论动机是什么，企业都会提供我们想购买的东西。他们为整个经济提供商品和服务。与需求一样，供给也有其自身的规律。

供给定律是需求定律的镜像。随着价格上涨，企业倾向于提供更多的产品；随着价格下降，企业倾向于减少供给。与需求一样，这是符合直觉的。以低廉的价格出售某些商品可能很难赚到钱，甚至因为成本的原因而出现亏损。但是，随着价格上涨，许多无法盈利的企业逐渐变得有利可图。

在页岩油气市场，你可以看到供给定律在起作用。科学家早就知道石油和天然气存在于页岩中，但他们一直都没有研发出可行的提取技术。这一切在 20 世纪 90 年代和 21 世纪初发生了变化。技术创新获得突破，油气公司可以通过在高压下混合水、沙子和化学品，并将其泵入地下来提取页岩中的石油和天然气。这一技术很先进，但成本并不低。这样的页岩钻井平台运行成本高，因此如果油价低于每桶 40 美元或 50 美元，许多钻井平台就无法盈利。[18] 近年来，每当石油价格上涨超过这一阈值时，开工的页岩钻机数量就会显著增加，石油和天然气的供应也会增加。这是供给定律在起作用。

与需求定律一样，某些商品的供给对价格变化的影响比其他商品更敏感，或者说是富有弹性的。以 2021 年英格兰球迷的经历为例。2021 年 7 月 11 日是星期天，伦敦温布利球场举办了 2020 年欧洲杯决赛，这是英格兰队自 1966 年以来首次在大型赛事中闯进决赛。那些提前购买了门票的人只花了大约 250 英镑。但当英格兰队进入决赛后，英国人对门票的需求激增。必须承认，英格兰队进入决赛的次数不多。对于英国球迷来说，这可能是一个千载难逢的机会。

但问题在于，供给没有办法应对需求的突然增加。温布利球场只有一个，历史上最多能容纳 9 万人，而 2021 年夏天时只能容纳 6.7 万人（当时受疫情限制）。这意味着，无论价格上涨多少，球场都无法提供更多的门票。那场比赛的座位供给是缺乏弹性的，对价格的大幅上涨也不敏感。票贩子——对供给弹性的缺乏有着敏锐嗅觉的人，尤其是当他们能在一定程度上控制供给时，最终把票价炒到每张 35 000 英镑——价格上涨了近 14 000%。[19]

这是一个极端的例子，但日常生活中供给缺乏弹性的情况随处可见。据说作家马克·吐温认为人们应该购买土地，并打趣说：“因为土地再也不会被生产出来了。”在此后的 100 多年里，土地的价值增长了 50 多倍，远远超过了其他产品价格的平均涨幅，这对马克·吐温来说并不奇怪。

决定价格的市场力量

正如需求定律一样，价格并不是决定商品产量的唯一因素。许多需求以外的因素可能会影响企业生产和供给的数量。如果企业投入成本下降，例如，如果工人的雇用成本降低，那么他们将以相同的售价获得更多的利润，从而增加供给。如果酒吧老板能以折扣价购进一批临近保质期的啤酒，但以正常的价格出售，他肯定会供应更多的啤酒。至此，我们已经了解了需求和供给、消费者和企业。但还有一件事情我们没有提到，那就是供给和需求交汇的地方。这是决定价格的地方，也是真正神奇的地方，那就是市场。

市场这个词让人联想到阿尔伯特广场上活泼的伦敦小贩。这当然是其中的一部分。然而，对经济学家来说，市场只不过是买家与卖家互动的地方。它可能是沃尔福德的一个市场摊位，也可能是一家向经销商出售艺术品的拍卖行；可能是股票经纪人在伦敦金融交易大厅里大喊大叫，也可能是一位爱好烘焙的商人在互联网上向粉丝出售自制饼干。世界上有奢侈品市场，有劳动力市场，甚至有爱情市场。[20] 简单地说，市场就是买家和卖家聚在一起，就成交量和价格达成一致的地方。它是需求与供给的交汇之地。

市场在实践中是如何运作的？2014 年，澳大利亚悉尼发生了一件极端悲惨的事情。12 月 15 日上午，一名枪手在悉尼中央商业区的一家咖啡馆劫持人质，人们十分恐慌。在试图逃离市中心时，许多人拿出手机，打开优步叫车。但他们惊讶地发现，出租车价格已经飙升到令人咋舌的水平。在接下来的几天里，由于遭到公众的强烈质疑和抗议，优步最终向所有逃离袭击的用户退还了车费。这起可怕的事件恰好是一个令人不安的例子，说明了市场是如何运作的，这是供求定律的必然结果。

优步的价格结构基于一种算法，即通过某个特定区域司机的供给量和需求量，找到一个平衡价格。如果该区域有很多司机无所事事，那么价格就会降低，直到出现更多的需求以平衡供给。如果像 2014 年悉尼的情况一样，想搭车的人比司机多，那么计算结果就是抬高价格。这样做会产生两种效果：其一，这将使别处的优步司机更有动力来此区域，增加供给。比如，某位本来计划休息吃午饭的司机可能想再拉一趟，之后再找地方吃三明治。其二，这会让一些人思考要不要叫车，从而减少需求。随着价格的持续上涨，越来越多的人觉得叫车价格过高，也许会决定步行；而越来越多的司机认为价格不错，愿意拉客。最终，司机的数量将与坐车的人数相匹配。

优步的定价算法反映了市场促使供需平衡的机制。如果在给定的价格下，人们想买的东西比企业愿意卖的东西多，这会发生什么？市场和经济学家一样喜欢平衡，其中有一个内在的机制来实现这种平衡或者经济学家所说的均衡。

在某一价格下，如果想买的人比想卖的人多，那么需求大于供给。总有人会被排除在外，尽管没有人想成为那个人。那些有支付能力的人会出更高的价格，以确保能买到自己想要的东西。而价格上涨之后，一部分人会放弃购买，或者决定不买那么多，因此需求下降。然后，由于有获得更高利润的机会，一些企业可能开始增加供给。这一过程会引导价格调整，直到供需再次达到平衡。

供求定律发挥作用的过程是一个迷人的过程：供给和需求的相互

作用最终使每个人都能获得他们需要的东西，至少在理论上是这样。从这个意义上讲，价格是一种信号，能告诉供应商应该生产更多或更少的商品。价格上涨意味着需求相对大于供给，企业应该供应更多。价格下跌则是供给相对于需求上升的信号，企业应该减产。这些信号的效果不同寻常，源于我们每天做出的无数决定，这些决定释放出最强大的力量，即市场力量。

每天的选择都会在无形中影响无数人

今天早上你吃了什么早餐？油炸食品？圆面包卷？或者是赶在上车前喝了一杯黑咖啡？假设你决定选择我们很熟悉的牛油果吐司，花点时间想一想，它适时出现在你面前之前，经历了些什么？

在你坐下来吃牛油果吐司的几年前，世界上某个地方的人就得把种子埋进土里，并且持续地照料它们。而另一个地方的人则正在种植小麦，以制作吐司面团。更不用说那些运输牛油果的卡车司机，或者做面包的面包师了。你的早餐端上餐桌前，其中的步骤、过程和所涉及人员的数量多得令人难以置信。

但更令人难以置信的是，没有人组织协调整个过程。没有某个中央管理机构告诉人们该种植多少牛油果及售价是多少。参与制作早餐的大多数人从未见过面。

更值得注意的是，他们之中没有一个人真正在乎你的早餐，他们之所以制作早餐，是因为这样做符合他们的利益。

像经济学家一样思考

“看不见的手”引导个人做出对社会最有利的事

正如现代经济学创始人亚当·斯密所说：“屠夫和面包师提供食物给我们，并不是因为他们的仁慈，而是因为他们自己的私利。”亚当·斯密称这一过程为市场的“看不见的手”。亚当·斯密的论点是，这只“看不见的手”引导个人做对整个社会最有利的事情，有效率地生产出人们想要的东西。

那位牛油果种植者并不是因为觉得自己对你有义务而种植农产品。他很有可能从来没有也永远不会见到你。但他相信这样一个事实，即通过这样做，可以获得效用（金钱或其他方面）。如果他能从生产其他商品中获得更多的效用，那么他很有可能转而生产那些商品。正如我们所看到的，如果人们想要的商品供给不足，其价格就会上涨，导致更多的供给。通过这种机制，市场神奇地满足了需求。

当今世界，市场是协调全球经济的主导机制。其他管理经济的方式也被尝试过，如苏联和民主德国曾关闭市场，由国家统一分配资源。但这一方式很难将人们自然做出的无数选择都考虑在内。随着时间的推移，全球达成共识，开始转向应该至少在社会的某些地方使用市场机制，并进行监督。市场的效率看起来似乎更高，接近于经济体中每个个体选择的总和。这就是为什么你的早餐总能在恰当的时间出现在你的餐桌上，而且准时和价格合理。

或者说，至少理论上是这样。我们很快就能发现，站在全社会的角度，市场所产生的结果有时候并不完美：市场导致了对化石能源的消费需求；市场导致了大型垄断企业的产生；市场倾向于那些具有信息优势的人，而牺牲了处于信息劣势的人的利益。

经济学家非常清楚这一现象。就连亚当·斯密也认识到，在某些情况下，市场可能伤害公共利益。在下一章里，我们将会讨论市场的各种失灵。

Can't We Just Print More Money?

02

经济学能解决气候变化问题吗

完全竞争、垄断与市场失灵

Can't We Just
Print More Money?
要点前瞻

英格兰银行伦敦总部的顶层是员工食堂。过去，这里向员工提供的服务包含一个内部小酒馆、一个餐厅，甚至还有一家酒吧，员工可以在此享受各种餐饮服务。但那种舒心的日子早已过去。如今，这里看起来和世界各地的大多员工食堂并无区别，出售着大家都喜欢的东西：三明治、沙拉，尤其是薯条——一盘又一盘的薯条。

每天，排着长队的饥饿的经济学家缓缓地移动到一大盘滚烫的炸薯条前，然后把它们铲到盘子里。这种“燃料”帮他们熬过漫长的下午，他们埋头不断地计算数字和撰写报告。而仅在一天中的这一小段时间里，他们可以暂时关闭大脑，脱离经济学的世界。

但他们可能没有注意到的是，即使在这里，也有经济力量在起作用。员工食堂的薯条价格是固定的，不管你拿了多少，收费都是一样的。然而，食堂的工作人员注意到了一个问题，人们拿的薯条远比他们真正需要的多，这导致了大量的食物浪费。而与此同时，那些晚到餐厅的人却没有薯条可吃。

究其原因，这不只是因为经济学家的贪婪——尽管有些人确实很贪婪（我们不点名）。这是世界各地的自助餐中都存在的问题。当面对公共资源时，人们会怎么做？每个人都希望把尽可能多的资源据为己有。在这种情况下，每个人都会过度地消耗资源，并在不知不觉中耗尽、破坏或者摧毁资源。

像经济学家一样思考

市场也有局限性的“公地悲剧”

20 世纪 60 年代，美国生态经济学家加勒特·哈丁（Garrett Hardin）描述了这一现象，并将其命名为“公地悲剧”。他以公共土地为例进行了解释：某个村庄有一块公共土地，村里每个人都可以在这块地上饲养牲畜。每位村民都企图多养一些牲畜，因为这样就能增加他们的收入。但他们没有考虑的是：如果每个人都这样做，土地就会被过度使用，从而逐渐退化，最终毫无用处。正如哈丁所说："在一个资源有限的世界里，每个人都被困在一个系统中，这个系统驱使他无限制地增加畜群。"[1]

在英格兰银行的案例中，经济学家也都被困在一个系统中，这个系统驱使他们在薯条总量有限的情况下拿了过多的薯条。

这似乎与第 1 章中描述的机制背道而驰。先前我们讨论了市场在有效调节全球资源方面的强大力量。如果个人和企业都能理性行事，努力实现效用和利润的最大化，那么在许多情况下，每个人都会过得更好，即每个人都能得到所需要的东西。但公地悲剧的现象表明，在某些情况下，市场是行不通的，因为市场存在局限性。在英格兰银行的员工食堂这样的地方，看起来每个人都在完全按照理性行事，最大限度地获取他们的薯条效用，但理性行事的结果并不是更高效，而是更低效。经济学家将这种情况称为"**市场失灵**"时刻。

市场失灵无处不在。它的存在解释了为什么大部分人只使用 Facebook，而不是同时使用几十个彼此竞争的社交网络平台。这也解释了为什么我们可能更希望获得国家提供的免费教育，而不是进入昂贵的私立学校。而且，正如我们即将谈到的那样，市场失灵有助于解释为什么地球正面临气候变暖的紧急情况，以及我们可以采取什么应对措施。

用简化的模型理解真实世界

经济学家喜欢模型。对于经济学家来说，模型可以用来清晰地描述我们所研究的复杂情况，并且从中提炼一些有用的东西。模型既可以是曲线图、方程组，也可以仅仅是一系列逻辑严谨的论点。统计学家乔治·博克斯（George Box）曾说："所有模型都是错的，但有些是有用的。"他的观点是，所有的模型都会做出一系列假设，以简化我们周围的世界；如果它们没有这样做，那么模型和真实世界也就没有什么差别（因此，对理解真实世界也就没有多大帮助）。那么，关键是要确保你所做的简化假设不会影响问题的答案。用博克斯的话来说，你不应该问"这个模型是真的吗（它从来都不是）？"而应该问"要帮助解决这个特定的问题，它足够好吗？”[2]

博克斯的观点有时并没有受到经济学家及其批评者的重视。模型从来都不是正确的（某些经济学家可能已经忘了这一点），但有时的确是有用的（某些批评者可能忽略了这一点）。当我们讨论市场时，博克斯的分析尤其具有启发性。初出茅庐的经济学家往往从完全竞争市场理论出发对市场及其机制进行建模。该理论建立在许多假设之上，这些假设汇集在一起，可能看起来非常不真实。但这并不是说，除了有限的一些案例之外，这个模型代表了真实世界的运作方式。相反，它只是你理解经济的基础。它的确不完美，但正如超现实主义画家萨尔瓦多·达利所说，你应该“不要在意是否完美，反正你永远也无法达到”。

这就是为什么这些不完美的模型是有用的。想一想为什么真实世界的完美可以让我们更好地理解它。

一个完全竞争的市场要同时满足许多条件。第一，所有的卖家都在卖同样的东西。经济学家称之为同质商品，即一家企业和另一家企业销售的商品没有区别。这意味着既没有品牌，也没有质量差异；第二，市场上必须有大量的买家和卖家，并且没有任何障碍可以阻止新卖家的出现或加入，即没有“进入壁垒”；第三，买卖双方必须具有完全对等的信息，他们知道自己正在购买的商品的质量、需求量和供给量，以及所有替代品的价格。没有人拥有信息优势。

满足以上所有条件的市场会有一些有趣的特征。其中最重要的特征是没有一个卖家或买家能够影响价格，每个人都是“价格接受者”。而且这个价格是以所有卖家都能接受的最低利润点为基础设定的——

足以让他们盈利，但不会赚很多钱。

如果想了解这是如何运行的，我们可以这样想象：一家销售消化饼干的企业决定提高价格，而市场上的所有买家都知道这个消息，所以他们可以从其他卖家那里买到完全相同的消化饼干。而其他卖家也都知道这个消息，如果他们保持原来的价格水平，就能从提高价格的卖家那里抢走生意。更重要的是，即使所有现有的卖家决定同时提高价格，某些市场外精明的饼干卖家也可以进入市场，以原有价格供应消化饼干，抢走现有卖家的生意，因为市场没有进入壁垒。这种竞争机制迫使企业诚信经营，并将价格稳定在企业刚好可以赚取正常利润的水平。

当市场处于完全竞争状态时，这个市场被认为是“有效率”的。但当经济学家讲“有效率”时，他们可能指的是一些不同的东西。对于完全竞争市场，“有效率”指的是两个特定的概念：一方面指市场有“生产效率”，市场参与者利用一切可用资源，以最低的平均成本生产某商品，企业不可能在不减少另一种商品的情况下生产相同数量的该商品；另一方面指市场有“配置效率”，每个消费者在购买商品时获得的效用等于生产者生产该商品的成本。这意味着在生产上的投入恰到好处，直接反映了人们对该商品的需求。这也意味着整个社会的资源正在被有效率地分享或分配。

上述描述虽然简短，但你可能也注意到了其中的陷阱。在现实世界中，很少有完全竞争市场。某些市场确实很接近完全竞争市场，比如，人们可能会在意牛奶是不是植物奶或者乳糖含量等因素，除此之外，你会在意牛奶之间的区别吗？牛奶就是牛奶，不是吗？同样，无论在哪购买，白糖在本质上也是同一种产品。在这两个例子中，牛奶和白糖都有大量的卖家，但买家的品牌忠诚度很低，这就保证了商品的良性竞争和低价。

但总体来说，并不存在完全竞争市场。进入壁垒的确存在，并非所有卖家都在销售同质商品，买家和卖家也并非信息对等。读到这里，你可能已经想到了十几个非完全竞争市场的例子。完全竞争市场模型只是一个模型，而且，正如乔治·博克斯提醒的那样，即使是最好的模型也是错误的。

更多的竞争会为消费者带来好处吗

看一下你的裤子或外套上的拉链，你很可能会看到 3 个字母：YKK。21 世纪前十年，大多数拉链都是由日本 YKK 公司制造的。该公司可能是你从未听过的垄断企业之一，主要为服装、箱包和几乎所有需要拉链的东西提供拉链。近年来，即使新的竞争对手不断崛起，YKK 这一家公司依然占据了全球拉链市场份额的一半左右。

如果要展示完全竞争市场模型与真实世界的巨大差距，YKK 公司不是唯一的例子。一方面，显然并非每件商品都有很多卖家，你觉得有多少企业在生产像网球拍这样相对小众的产品？另一方面，即便是同一种产品，不同卖家销售的版本也会有所不同。即使有多家企业提供类似的产品，他们也会努力通过品牌来进行差异化。一个真正的网球迷不会把邓禄普（Dunlop）球拍和泰尼飞（Tecnifibre）球拍混淆，即便它们确实很相似（对不起，网球迷们）。

这意味着市场上的卖家数量往往有限。在极端情况下，某种商品只有一个卖家，这种现象称为“**垄断**”。如果市场上只有两家企业销售某种商品，那么该市场被称作“双寡头垄断”；如果只有少数卖家销售某种商品，那么该市场被称作“寡头垄断”。

上述这些情况都属于“不完全竞争市场”，有无数相互竞争的卖家的完全竞争市场并不存在。不完全竞争市场扰乱了市场运行的基本规则，如果没有来自竞争对手的威胁，垄断者（或寡头）就不必成为价格接受者。他们可以通过改变产量来影响市场价格，其市场力量越大，就越能影响价格。

在极端情况下，即只有一个卖家的完全垄断，市场价格完全由卖家来决定。即便在只有少数几个卖家的寡头垄断市场中，如果他们合作，也可以达到接近完全垄断的定价结果，这就是“**勾结**”。早在亚当·斯密时代，经济学家就已经注意到，“同行的人很少会聚在一起，如果一定要聚在一起，谈话导向总是针对公众的阴谋或提高价格的阴谋，即使是为了娱乐或消遣也不例外”。[3]

获得这种市场力量符合企业的利益，因为这可以让他们获取更多的利润。在一个竞争不足的市场中，企业可以通过减产来提高他们的产品价格——毕竟，还有谁能进入市场与他们竞争呢？于是，他们的利润就会超过市场处于完全竞争状态时企业能够获得的最低利润。

这对相关企业来说是个好消息，但对消费者来说就不那么友好了。如果市场存在更多的竞争，那么这些企业无法从买家那里获取超额利润。如果完全竞争市场为社会提供了数量合理的产品，那么垄断者就会生产不足。那些宁愿出较低价格的客户根本无法买到产品（尽管这个价格对生产商来说仍然有利润空间），而那些买到产品的客户却为同样的效用支付了更多的费用。

其结果是经济效率降低，并增加了浪费，即一种被称为“**无谓损失**”的经济资源分配不均。在垄断者获取更多的经济利益的同时，其他人的整体利益被削减了。因此，垄断者的境况越好，世界就变得越糟。

垄断的负面影响不仅仅表现为短期内的产出下降和价格上涨，更重要的是，它可能导致经济僵化，即经济缺乏创新和停滞不前。如果你是一个垄断者，不惧怕竞争对手来挑战，那么你为什么还要有新的想法呢？在运行良好的市场中，竞争的威胁有助于让企业保持警觉，即他们必须不断地提升自己，否则就会遭到淘汰。历史经验表明，当垄断盛行时，创新可能会放缓甚至停止。

教科书上常用的例子是微软公司及其 IE 浏览器。1999 年，美国司法部以反竞争行为起诉微软，认为其将应用程序，特别是 IE 浏览器捆绑到操作系统中，使用户不能安装竞争对手的软件的策略是一种垄断策略。指控认为，微软为市场人为地树起了进入壁垒。随后，听证会获得了一个关键发现，即微软一直在采取行动阻碍竞争对手的创新。这些创新本可以让消费者受益，但不符合微软作为垄断者的利益。

综上所述，可以说垄断是市场失灵的典型案例。在市场失灵的地方，政策制定者往往会介入，通常是通过监管和出台反垄断或反托拉斯政策。在英国，竞争与市场管理局负责监管反竞争行为。它会审查公司的并购行为，并在公司过于庞大时及时介入。在美国，联邦贸易委员会和司法部也扮演着类似的角色：调查大公司的状况，并尽力阻止任何一家企业获得足够的市场权力，以至于可以操纵市场。

竞争好，垄断就坏吗

既然垄断会导致价格上涨和经济低效，为什么我们周围还存在这么多垄断？交通运输、科技、医疗等领域都存在垄断，或者近乎垄断。为什么我们不能彻底根除垄断，让市场更接近完全竞争的状态？

原因很简单，在某些情况下，垄断是有用的，可以为垄断者以外的其他人带来好处。让我们看一看冰激凌售卖车的例子。在阳光明媚的夏日，大家都想成为卖冰激凌的人。从某些方面看，这确实是个理想的工作。你可以整天开着车到处溜达，听着朗朗上口的音乐（虽然是重复的），给各处的人们带来欢乐，还可以随心所欲地享用冰激凌。一辆二手的、装备齐全的冰激凌车价格大约为 20 000 英镑。然后，你必须注册一家企业，接受各种检查和监管，并参加培训，学习如何操作冰激凌机。以上启动成本加起来可能在 30 000 英镑左右。这被称为**固定成本**，因为无论你卖多少冰激凌，这部分成本必须要花。当然，另外一部分成本来自冰激凌本身。比如，从批发商那里以 1 英镑的单价进货。这些被称作**可变成本**。如果只进 1 个冰激凌，则成本为 1 英镑；如果进 100 个冰激凌，那么成本是 100 英镑。

现在，假设目标是收回成本。第一天只卖出去了 1 个冰激凌，那么所有的成本都得由那个冰激凌来支付，所以那个冰激凌得卖 30 001 英镑才能勉强收回成本。很明显，这是一个昂贵的冰激凌。或者，假设在旅游旺季，游客碰巧在阳光明媚的海滩边找到了一个停车位。晒日光浴的游客们又饥又渴，你很轻松就卖出了 30 000 个冰激凌。可变成本从 1 英镑上升到了 30 000 英镑，但固定成本保持不变。所以，总成本为 60 000 英镑。那么每个冰激凌只要卖 2 英镑——价格显然更合理。

这是一个极端（有点愚蠢）的例子，但它诠释了固定成本高的行业为什么容易形成垄断，或者至少成为寡头垄断。规模大的企业可以以更低的价格生产产品，从而在同等利润率的情况下以低于竞争对手的价格出售产品，这种现象被称为“**规模经济**”。这些大额的固定成本也成了进入壁垒。与建立一座发电站或者修建一个新的铁路网相比，30 000 英镑的冰激凌车其实算不了什么。但前者会削弱市场的竞争性，破坏完全竞争市场的条件。

这些案例表明，事情并不是“竞争好，垄断坏”那么简单。规模经济对消费者是有益的，这也解释了为什么超市的价格会比小卖店便宜，或者为什么大型的铁路网通常由一家企业垄断运营。在 19 世纪的美国，有很多规模相对较小的企业曾涉足铁路网建设，有些方向类似的线路之间相距仅几米，这反而是铁路运行效率低下的根源。随着时间的推移，通过合并、公司破产和政府干预，铁路市场走向单一的、更有效率的垄断，从而能够更充分地利用规模经济。修建新铁路的固定成本很高，如果只有一家运营商，客户反而会得到更好的服务。

在固定成本高的市场中，立法者甚至可能通过立法来创造更多的垄断，这可能是让企业生产的产品对社会有用的唯一途径。以专利为例，专利是合法的垄断，这意味着根据法律，在特定的时间内，一家企业有权成为某种产品唯一的生产商和销售商。与许多垄断情况一样，这些专利可能导致生产不足和价格相对较高。2021 年，乐施会

（Oxfam）的一项研究称，制药公司辉瑞 / 拜恩奈科（Pfizer/BioNTech）和莫德纳（Moderna）利用其专利授予的垄断权，在新冠疫苗上赚取了高于其生产成本 410 亿美元的利润。[4]

让垄断存在的经济理由

那么，政府为什么要通过立法保障这种垄断呢？他们有明确的经济理由：据估计，把一种新药推向市场的平均成本约为 10 亿美元，且所有的费用都是在正式销售药品前产生的。如果你想做这么大的一笔投资，肯定希望能把钱赚回来。但是，如果在你投入了所有的时间和资金开发出新药后，有人直接拿着你的配方生产出了自己的产品，你就不得不和他们分享销售收入，并在价格上进行竞争。但真正的问题在于，由于没有任何研发费用，他们可能卖得比你便宜得多。

如果你知道这可能发生，你还会投资开发这种药物吗？当然不会。这就是为什么世界各地的制药公司都被授予了专利。专利就意味着，如果一家企业进行了有风险的创新投资，大概率会因此得到回报，因为只有专利持有人才能销售该产品。有趣的是，在上述这些情况下，垄断实际上是在推动创新，而不是阻碍创新。

具有明显规模效应和高固定成本的行业往往更易于形成垄断，有时甚至会从垄断中受益。但垄断并不仅限于这种类型的行业。如果人们同时使用一种商品或服务，而它们可以带来巨大的好处，这也可以形成自然垄断。以社交媒体为例，你在使用哪个社交平台？很可能是你的所有朋友都在使用的那个。因为没有其他人使用的社交平台，顾客的体验往往不会很好。事实上，使用该平台的人越多，它就越有用——你更有可能在其中找到你想联系的人。

这种现象被称为“**网络效应**”，大型网络社交平台的垄断现象尤为明显。目前，Facebook 在全球拥有约 30 亿用户，Twitter 有 4 亿用户，Instagram 约有 14 亿用户。[5] 这就意味着，当你加入这些社交网络平台中的任何一个时，你想关注和交流的人很可能也在其中。现在，你可以想象一个新的社交媒体网站，它最开始只有 3 个用户，如你和本书的两位作者。不幸的是，你可能不太想和他们交流，你也大概率不认识他们。这就意味着注册加入该社交网络平台对你的价值很低。于是就形成另一种自然垄断：新进入者难以有效竞争，因为几乎在每个特定市场，加入现有的、占主导地位的平台符合各方利益。

这种情况不仅限于社交媒体。如果你已经有了亚马逊 Prime 账户和 Kindle，那么你很可能觉得，亚马逊 Alexa 家庭助理比它的竞争对手们提供的类似服务更实用，因为 Alexa 更容易集成到你现有的应用网络中。因此，在某个领域占据主导地位，以及高度的“网络化整合”，可能导致另一个领域的自然垄断。

所有这些意味着，在某些情况下，当存在高固定成本或强大的网络效应时，垄断实际上对消费者有利。虽然缺乏竞争可能导致创新停滞，但在一些特殊领域，如药物研发，事实证明垄断也可以促进创新。在这种情况下，我们常常会发现，政府会密切关注垄断企业，以试图确保大众在不被垄断者过度剥削的前提下受益。这就是为什么倾向于自然垄断的行业，如铁路、能源，甚至包括金融，往往会受到政府的严格监管，这是国家力量和市场机制的有机结合。

然而，总的来说，垄断的存在揭示了对市场过于信任的危险。在这种情况下，市场很可能会让我们失望。更重要的是，在某些情况下，竞争减少并不一定是坏事。铁路、社交平台是这样，其他一些市场也是这样，如教育。

针对大学学费争议的外部性看法

在 1998 年之前，英国大学生不需要支付学费。尽管还有其他一些费用，如书籍费、住宿费等，但许多学生也能获得支付这些费用的助学金。后来，1997 年 11 月，英国政府出台了一项法案，允许大学每年向学生收取学费，最高为 1 000 英镑。有一份报告揭示了英国大学财务状况的不稳定，并阐述了为什么大部分资金缺口应由学生自己填补的经济原因和社会原因。事实证明，1997 年的学费法案只是一个开始，至少在英国是这样。[6] 2006 年，英国大学的学费上涨，最高为每年 3 000 英镑；2012 年又翻了 3 倍，最高达到 9 000 英镑。这让学生们非常恼火，许多人甚至走上街头抗议。

围绕学费及谁应该支付学费的争论是复杂的，而且往往令人担忧。但从本质上讲，都与一个核心的经济概念——**外部性**有关。如果你想了解市场是如何失灵的及为什么失灵，这一概念尤为重要。

外部性是指一项活动对没有直接参与其中的人的副作用。这种副作用对整个社会的损益与参与该活动的人的损益不同。

这是什么意思呢？以高等教育为例。上大学这件事对于实际参与者的影响十分直接。每位学生都会认真思考利弊以及个人的收益和成本。从收益的角度来看，上大学可能意味着未来你能赚更多的钱，尽管花几年时间进行全日制学习本身会有机会成本。如果你是一个爱读书的人，你可能很珍惜这一段可以身处巨大的图书馆和聪明的学者中的时间。如果你是一个社交达人，你可能很珍惜参与各种社团和体育俱乐部的机会。在成本方面，则包括学费以及花在学习上的时间和精力等。

比较难以衡量的是，接受高等教育这一决定对更广泛的经济和社会的影响。例如，接受过高等教育的人口比例较高的社会往往生产率更高，人们更遵纪守法，对社会事务的参与度更高。[7] 这些都对整个经济和社会大有益处。这就是一种外部性：某种行为的社会成本或收益与实施该种行为的人的成本或收益不同。

在教育的例子中，社会收益大于个人收益，这是一种正外部性。然而，相对于整个社会的期望，市场机制的结果往往会导致供给不足。为什么？因为个人的决策是基于私人的需求得到满足的程度，如果成本对个人来说太高，人们可能不会购买。但这正是问题所在：市场价格不会顾及私人决定带来的更广泛的社会收益。这就是一种市场失灵，如果任由市场决定，则会造成供给不足。因此，政府可能会干预，将商品或服务的供给增加到对整个社会最有利的程度。

尽管很少有报纸的社论这样说，但关于外部性的观点支撑了关于学费的辩论。一方面，如果你认为攻读学位的好处几乎只属于那些爱学习的人，而不包括其他人，也就是说，正外部性很小，那么你可能会主张学生自己支付相对较高的学费；另一方面，如果你认为用较低成本接受大学教育对社会中的每个人都大有好处，也就是说正外部性很大，那么你可能会主张国家做出更强的干预，即给予补贴。

当然，外部性有正有负。当涉及气候变化时，外部性也起着重要作用，但这方面并不那么让人喜欢。1990 年，燃煤发电的成本仅为每千瓦时 1 便士（约合人民币 0.087 元）多一点。风能等替代能源的成本是煤炭的 15 倍多。那么，一家能源公司选择用煤炭来发电有什么奇怪的吗？然而 1990 年，化石燃料占英国所有能源消耗的 91% 以上，这是不是很令人惊讶？

但其实我们都知道，市场形成的这个价格并不能反映这两种发电方式的真实成本。煤炭发电产生的碳排放量大约是风力发电的 20 倍。这反过来导致了全球气温的上升、不稳定的气候变化和迫在眉睫的紧急天气情况。[9] 如果你待在家里，那么与穿上一件外套相比，打开取暖设备的成本似乎并不高。但这只是因为供暖的价格并不能真正反映你周围的环境和整个世界付出的成本。

这是外部性的另一面。燃煤发电有巨大的负外部性，挖掘煤炭或使用煤炭的人都没有考虑到这一点。正如教育的正外部性意味着如果只有市场机制，那么教育资源就会供给不足，煤炭的负外部性意味着如果没有政府干预，煤炭会被过度生产。从本质上讲，这就是为什么如果任由市场决定，气候危机可能难以得到解决——气候变化是最终的负外部性。

当然，气候危机远比这复杂得多，其影响也不仅仅是负外部性的。事实上，气候危机是一系列市场失灵集聚的结果。让我们回到英格兰银行食堂的薯条问题上，这是加勒特·哈丁所说的公地悲剧的一个经典例子。公共利益（食堂所能提供的所有薯条）被食客的个人利益所破坏，因为他们都想要尽可能多的美味薯条。

也许你已经察觉到，饥肠辘辘的银行员工实际上并不是这场“公地悲剧”中损失最大的一方。自从哈丁提出这个理论以来，该理论已经被应用于各类涉及共享资源的领域。其中最典型的是它提供了一个令人信服的解释，说明市场失灵如何更广泛地影响气候和自然的变化。

以渔民为例。为什么渔业公司倾向于过度捕捞，尽管这最终会耗尽他们所依赖的鱼类资源？在这种情况下，他们的个人利益（尽可能多地捕鱼）与为后代保护海洋生态系统的共同利益不一致。林业也处于同样的困境：为什么每年都有大片雨林以不可持续的方式被砍伐？同样地，这是因为伐木工人的个人利益（尽可能多地获取木材）与保持雨林可持续发展的共同利益不一致。

你可能认为，渔民或伐木工人知道自己的行为会对他们未来的收入和幸福生活产生影响。他们在决定要钓多少鱼时，难道不会考虑到这一点吗？问题是，证据表明，当人们做决定时，他们对当时的重视程度往往远高于对未来发生的事情的重视程度。在正常情况下，你的视野不太可能涵盖气候变化、森林保护，甚至涉及卫生条件和基础设施的长期投资等跨代际的问题。前英格兰银行行长马克·卡尼（Mark Carney）将这种现象称为气候变化背景下的**“视野悲剧”**。这是一种短期主义，会导致市场失灵，给你的未来和子孙后代带来问题。[10]

气候危机能用经济学解决吗

经济学对理解这个问题有用吗？或者它能为我们提供一些解决方案吗？可悲的是，经济学家无法独自将世界从气候危机中解救出来，但经济学至少可以发挥一些作用。

经济理论可以提供的第一个解决方案是监管。政府可以对某些商品的生产进行监管，甚至对产量进行严格控制。例如，可开采的煤炭数量可能受到国家的限制。从理论上讲，这可能是有效的。但问题是，在现实生活中，很难确定“正确”的产量是多少，所以也无从确定配额。要做到这一点，我们必须准确计算外部性的确切规模及其造成的社会成本，这不仅需要从现在的维度，也需要从数百年的维度去计算，因此所涉及的数字将令人眼花缭乱。你得把诸多相互作用的变量的影响汇集起来，但是即使是这样，得出的数字也可能很片面。这就是为什么我们通常要依靠市场的力量找到答案。但这里的问题恰恰是市场不起作用。

另一种选择是尝试改变个体的成本，以更好地反映全社会的成本。最简单的方法是通过征税。

像经济学家一样思考

用征税减少需求的“庇古税”

1920 年，早在气候变化给我们造成严重的生存威胁之前，英国经济学家阿瑟·庇古（Arthur Pigou）就写了一本关于外部性的著作。他主张征收一种税（现称庇古税）以提高具有负外部性的商品的价格。在理想情况下，税收会导致涨价，以有效地弥补外部性所造成的额外成本。例如，如果考虑到环境污染，化石燃料的真实成本会是现行市场价格的 2 倍，那么税率应该是 100%。当然，调整税收可能很难，但考虑到市场机制、弹性理论和需求定律，我们有理由认为，让产品变得更贵会导致需求减少。

庇古认为，在这种征税机制下，除了产品将以真实成本进行定价之外，决策权仍然在那些利用市场机制和激励措施来追求自身利益的人手里。同样地，在正外部性的情况下，政府应该提供补贴以降低个人的成本，而且这种补贴应当真实地反映该产品的社会效益。尽管庇古在一个多世纪之前就提出了这一理论，但至今仍然具有巨大的影响力。世界上一些知名的经济学家成立了庇古俱乐部。近 20 年来，他们一直在倡导把庇古的理论付诸实践，以减少化石燃料的使用，避免气候灾难。在不同的背景下，庇古补贴正是那些免除学费的政策想要提供的。

还有第二种完全不同的解决方案，即并不是要减少市场的作用，而是要增加市场的作用。有观点认为，外部性问题的出现并不是因为市场不起作用，而是因为市场化的程度还不够。如果人们能根据化石燃料的真实成本（交易外部性的影响本身）进行交易，那么市场机制就会找到反映成本的价格。

这一观点是经济学家罗纳德·科斯（Ronald Coase）在 20 世纪 60 年代作为对庇古的批评而提出的，之后逐步得到了实践的验证，并已发展成为能够解决气候变化等问题的实际建议。2005 年，欧盟建立了碳排放交易体系（ETS）。根据这一体系，欧盟对二氧化碳和其他气体的总排放量设定了上限。根据欧盟的气候目标，这一总排放量将随着时间的推移而降低。到目前为止，欧盟就是这么监管的。那么，市场机制体现在哪些方面呢？在这个上限内，任何会产生碳排放的企业都必须购买碳排放份额，而任何持有碳排放份额（通常以许可证的形式）并设法减少碳排放的企业，都可以将多余的份额出售给其他企业。这实质上是一种基于市场化的减少碳排放的激励措施，增加了碳排放的财务成本。通过供给和需求机制，碳交易市场将确定一个更准确的、反映负外部性的价格。碳交易市场的想法，尤其是 ETS 式的机制，在 21 世纪第二个 10 年后获得了广泛的支持。我们在撰写本书时，新西兰、韩国等 30 多个国家都建立了自己的 ETS。

已故诺贝尔经济学奖获得者埃莉诺·奥斯特罗姆（Elinor Ostrom）就市场对环境的潜在负面影响曾做出最终回应。她专注于研究公共利益，并发现结果并不总是像加勒特·哈丁描述的那么悲观。从印度到美国，从肯尼亚到土耳其，她研究了世界各地的社群，在综合不同学科视角的基础上，她发现，当社群可以控制某种公共资源时，并没有将其消耗殆尽——事实上，他们往往选择更可持续的方式。奥斯特罗姆的观点并非表明哈丁的观点是错的，只是说明后者的理论只适用于某些特定情况。奥斯特罗姆认为，关键在于，实际上会受到资源枯竭影响的人要在决策形成过程中拥有发言权。

奥斯特罗姆的工作及其所启发的经济方面的研究，为公地悲剧所描绘的困境提供了另一种政策处方，即用社群合作和合理赋权代替国家干预，以防止公地悲剧破坏大自然。如果奥斯特罗姆开出的处方有效，市场失灵造成的后果或许就能被扭转。

二手车销售平台如何利用信息不对称赚钱

在美国，二手车销售员通常被认为十分狡猾。想想罗尔德·达尔（Roald Dahl）的书中玛蒂尔达的父亲，或者情景喜剧《只有傻瓜和马》（*Only Fools and Horses*）中的博伊西，他们俩都会耍手段欺骗不知情的买家，让买家多付钱并从中获利。

这也许并不公平。在生活中，许多领域都存在激进的谈判和销售策略，如果销售人员肆无忌惮，那么消息很可能传播开来，最终损害的是他们的业务。但这种情况源于一个经济现实：买方和卖方之间本来就不平等。卖家比买家更了解汽车的质量，包括驾驶的体验感、寒冷天气下的车况等。因此，买家最终选择的有可能是一辆并不靠谱的汽车。

像经济学家一样思考

信息不对称造成“柠檬市场”

诺贝尔经济学奖获得者乔治·阿克洛夫（George Akerlof）1970 年撰写的创新性论文《柠檬市场》（*The Market for Lemons*）表明，他很可能已经领悟到了这一点。这篇论文探讨了二手车交易市场的经济学，他把这些二手车称为“柠檬”[①]。他认为，如果人们无法准确地判断汽车的质量，他们会认为其质量处于平均水平，因此只愿意支付平均价格上下的钱。这可能意味着高质量汽车的卖家将不愿意出售，因为他们无法获得应得的价格。然而，低质量汽车的卖家会更乐意出售，因为他们能够获得的价格比买家掌握全面信息时更高。

这个过程导致了一种反常的情况，即实际上激励了低质量汽车的卖家。“柠檬”大行其道，而好车越来越少，其结果是导致待售汽车

① 檬檬在美国俚语中表示次品或不中用的东西。——编者注

质量不断下降的恶性循环。这是完全竞争市场失灵的另一种情况：并非每个人都能获得所有的信息，因此在一个信息不对称的世界里，市场将会让我们失望。

阿克洛夫所揭示的原理十分常见。例如，保险公司对柠檬问题已经见怪不怪。面对两位信息缺失的司机，保险公司无法判断哪一位司机风险程度较高，哪一位司机更为安全谨慎，他们的默认做法是假设两人都以平均的安全程度驾驶汽车。这显然会导致这样一种现象：相对于实际风险而言，鲁莽的司机在保险上得到了更好的待遇。

为了解决这一问题，保险公司会尽可能地去了解投保人。这就是为什么投保的表格上有那么多问题。现在有些保险公司甚至会在你的汽车里安装一个小盒子，以实时监控你的驾驶情况，甚至这个小盒子本身就是阿克洛夫所说的“逆向选择”的一种应用。如果你是一个糟糕的司机，你可能不愿意安装这个监控盒子——信息不对称对你有利。然而，如果你是一个好司机，那么安装一个监控盒子是有好处的，所以好司机会更倾向于选择安装这个盒子。但是，鲁莽的司机要小心了——保险公司都读过阿克洛夫的书，他们懂得逆向选择，所以如果你选择不安装盒子，他们可能会认为你有可能是一个糟糕的司机，因此向你收取更高的保费。

阿克洛夫的见解在网络平台购买评论的现象中也适用。2020 年，亚马逊删除了约 2 万条其网站上的销售评论，因为此前英国《金融时报》指控一些评论者有偿发布了数以千计的五星评论。按照某些评估数据，在亚马逊（英国）网站上出售的商品中，有近 60% 的商品含有虚假评论，因为这样会使其看起来更有吸引力。[14]

卖家之所以愿意为虚假评论支付高额费用，是因为他们懂得信息不对称的作用。他们知道，买家对他们想购买的产品的信息掌握不全面，所以会搜集尽可能多的信息。这些肆无忌惮的卖家试图利用这种信息优势，甚至采取各种方法加强这种优势，向毫无戒心的“受害者”出售更多的“柠檬”。

不完全的信息的后果在气候变化的争论中也可以看到。这是一个复杂且时常令人困惑的话题。[15] 许多人根本不知道他们所做的决定的全部后果和代价。用电动汽车取代燃油汽车会更好吗？生产电池的环境成本会超过降低废气排放的收益吗？如果没有完全的信息，就不可能做出明智的决定。

就像你以为买的是一辆可靠的小型越野车，而实际上买到的却是一辆即将报废的汽车一样，你可能认为你正在做正确的事情以减少负外部性，但事实上事情变得越来越糟。不完全的信息可能会进一步加剧气候危机。

几年前，英格兰银行员工食堂的工作人员做出了一个大胆的决定。多年来，薯条只以一个价格出售，这导致过量攫取和食物浪费。现在，他们决定按照分量来定价。

起初，人们一片哗然。人们已经习惯了每天都可以吃到薯条自助餐。但在人们的不满逐渐散去之后，预期的效果开始显现。食物浪费减少了，人们只拿他们真正需要的薯条量，那些晚来吃饭的人再也不必担心没有薯条可吃了。

英格兰银行员工食堂的薯条困境在气候变化问题上也能给我们很

多启示。市场与我们所有人一样，永不完美。它未能充分内化人们行为的成本，导致类似薯条等有限资源被过度消耗。但并不仅限于此，它还会导致教育资源等有用的东西供应不足，二氧化碳等有害的物质生产过剩。它可能导致垄断，以牺牲消费者和更广泛的社会利益为代价。它需要人们拥有完整的信息，避免购买劣质的产品。

但是，正如英格兰银行食堂的工作人员得出的结论，这并不意味着市场要被彻底抛弃。市场不太可能独自解决气候危机，但在某些方面可以提供帮助。例如，有时问题可能是我们没有足够合适的市场。正如世界各地正在兴起的 ETS 所显示的那样，通过填补空白和建立缺失的市场，我们可以协助减少污染。同样，我们可以对破坏环境的活动征收庇古税，从而产生基于市场机制的价格激励，并使其达到有利于全社会的最优水平。

当然，气候变化是一个比薯条分配更复杂的问题。最终，解决气候危机需要将经济、政治和社会的变革结合在一起。经济理论、模型和研究只能带领我们走到这一步，但无疑会发挥相应的作用。如果每个人都能更清楚地了解市场何时有效、何时无效，这些作用将发挥得更好。

Can't We Just Print More Money?

03

我们如何才能获得加薪

失业、薪资议价与劳动力市场

Can't We Just
Print More Money?
要点前瞻

2019 年 7 月，成百上千的人聚集在纽约的阿瑟・阿什球场。作为美国网球公开赛的主球场，该球场举办了历史上一些非常重要的网球比赛。但这次比赛有所不同。涌入球场的人不是为了观看网球比赛，而是为了观看电子竞技比赛。他们都是电子竞技爱好者，接下来的 2 天，他们将被电脑屏幕包围，享受世界上最好的游戏玩家奉献的“堡垒之夜”。

对于游戏迷来说，“堡垒之夜”的声望和知名度不亚于美国网球公开赛。这场比赛的 100 名决赛选手是从 4 000 万名选手中脱颖而出的。大多数入围者以电子游戏为生，他们已经为决赛训练了无数个日夜。

这些世界领先的游戏玩家也不只是在追求一种无聊的爱好。成为一名职业电子竞技选手，是因为可以赚钱，也许比其他传统的职业更赚钱。作为游戏团队的成员，职业电子竞技选手每年的收入约为 5 万美元，如果他们赢得比赛，收入会更高。之后，他们通常会获得大公司的赞助。在 2019 年的“堡垒之夜”上，获得冠军的少年选手凯尔・吉尔斯多夫（Kyle Giersdorf）赢得了 300 万美元。现在，他每个月可以从付费观看在线比赛的用户那里赚得 5 万美元。如果能从成功的游戏玩家一跃成为“网红”，那么他每年赚上千万美元也是有可能的。

“堡垒之夜”揭示了被经济学家称为**劳动力市场**的独特机制：这个市场机制决定了哪些工作岗位可供选择，人们将获得多少报酬，以及他们能否找到工作。了解劳动力市场可以帮助你理解为什么有些人坐在那里玩电子游戏也会得到这么多报酬，而那些从事其他从表面上看更“有价值”的工作的人可能赚得少得多。

本质上，工资应该由你贡献的价值来决定。经济学家称之为**边际产量**，即雇主通过雇用你而增加的产量。你的生产率越高，如一小时生产的商品的货币价值越高，你的工资就越高。对面包店来说，一个一天能做 10 个蛋糕的面包师比一天只能做 5 个蛋糕的面包师更有价值，所以前者应该得到更多的报酬。通常，这是解释为什么有些人的工资更高的关键。

电子游戏玩家也不例外。大多数人玩电子游戏没有报酬，或者甚至要花很多钱，但优秀的电子游戏玩家也许可以得到数百万的报酬，这是因为他们的边际产量更高。职业玩家可以满足大众的娱乐需求，拥挤的阿瑟·阿什球场、众多网络游戏平台用户和商业赞助就是有力的证明。综合来看，与网络游戏公司获得的商业利润相比，这些职业玩家数百万美元的薪水并不算多。

相比之下，如果本书的作者在 YouTube 上传一段玩马里奥卡丁车的视频，获得的收入会非常低。准确地说是 0。因为我们不会为商家带来什么收入：没有人想看我们在赛道上的视频。作为游戏玩家，我们的边际产量很低。

乍一看，劳动力市场似乎与其他市场并没有什么不同：有买家（雇主），也有卖家（工人）。然而，事情并不是那么简单。劳动力市场基本上遵循供求规律。但这也是一个充满“摩擦”的市场，即它很难根据不断变化的供需水平立即做出调整。即使在劳动力需求很大的情况下，劳动力成本或工资也不是一直会上升。在许多情况下，求职者甚至都不知道有哪些工作机会。比如，也许一些技术好的游戏玩家甚至不知道他们可以通过玩游戏赚钱。

这意味着，如果你想找到一份薪水更高的工作，不仅要弄清楚市场是如何运作的，还要了解各类市场与劳动力市场相互影响的独特机制。有了正确的工具，即使你电子游戏玩得并不好，也可以提高收入。

劳动力市场的运作

在某些方面，劳动力市场的运作与其他市场非常相似。在第 1 章中，我们了解了在竞争激烈的市场中，供需的相互作用如何影响商品的价格。劳动力市场也不例外。

劳动力供给是指劳动人口，即有多少人已经有工作，而有多少人失业了并正在积极寻找工作。如果你在办公室午休或者在家里浏览求职网站寻找工作，你就是劳动力供给的一部分。

这种供给的规模由许多因素决定。在宏观层面上，它取决于劳动人口的规模。在英国，劳动力供给通常指 16 ～ 64 岁的劳动者。但劳动力供给的规模可能随着时间的推移而变化，其中的原因有很多。它可能因为移民而改变，例如，1980 年，由于古巴经济急剧下滑，古巴人大规模移民到美国，迈阿密的劳动人口增加了 7%。[1] 它也可能因为文化的转变而改变，与 20 世纪中期相比，现在，女性外出工作的比例更高，这意味着劳动力供给又增加了数百万。[2]

成为劳动力供给也与个人的决定有关。在微观层面上，你选择工作的一个关键因素可能取决于该工作能赚多少钱，以及能否超过你所能获得的非工作收入，如股息。另一个关键因素可能是你是否真的喜欢该工作。如果你讨厌它，你可能会减少工作时间，即使这意味着收入减少。或者，即使另一份工作能够给你更高的收入，但是你还是决定继续从事原来的工作，因为你喜欢该公司的文化。

有些人可能根本就不工作，因为工作就意味着休闲时间减少。比如，如果不写这本书，我们本可以有更多的时间躺在某个游泳池边看看书，或者撰写一些金融政策简报。但我们也需要赚更多的钱以支付账单，并为昂贵的咖啡买单。有些人，如退休人员，可能钱够花了，可以不用工作了；有些人，如学生，或者需要照顾家人的家庭主妇，或者患有慢性疾病而不能工作的人，这些人并不是失业者，相反，他们根本就不是劳动力供给的一部分，因为他们并没有在找工作。

事实上，即便以一天为时间维度，也没有人一直在工作或者休息，这使情况更加复杂。在醒着的时候，人们并不都是在工作，即使一直工作会赚更多的钱。事实上，随着人们的时薪越来越高，工作时间反而越来越少。那些薪水较低的人需要通过延长工作时间以获得更高的收入和提高生活质量。因此，当你在单位时间内赚得更多，就只需较少的工作时长来维持生计。这些都意味着劳动力供给十分复杂，由于文化背景、经济政策和劳动力自身的意愿，劳动力供给不断地增加或者减少。

另外还要看劳动力市场的需求。这一般取决于雇主，由他们来决定需要多少工人。然而，事情没有这么简单，劳动力需求不同于其他需求。对劳动力的需求本身并不是目的，雇主并不需要劳动力本身。相反，劳动力需求是一种“衍生需求”：来自对劳动力生产的商品或提供的服务的需求。与劳动力供给一样，劳动力需求会随着时间的推移而起伏。在经济衰退期，由于消费下降，企业可能会缩小规模，甚至关门停业，因而对劳动力的需求减少。对劳动力的需求也取决于劳动力替代品的情况，例如，你的雇主可能会用机器人代替你。

尽管劳动力市场有独特之处，但与大多数市场的运行机制一样，供需平衡决定工资。劳动力供需的相对平衡，即劳动力供给与需求平衡在一定程度上解释了为什么你的工资会上涨或下跌。当某个特定领域的劳动力短缺时，比如，有些工种需要特定的技能，或者大量的培训，通常工资会更高。计算机专家的薪水很高，因为相对于程序员的需求量，大多数人都称不上是专家。深海潜水员的报酬很高，因为没有多少人愿意在船上一待就是几个月，在海底一待就是几个小时。

这是市场一直存在的无形之手，它驱使人们接受他们本来可能会逃避的工作。因此，对于本章标题所提出的那个问题，最简单的答案是：拿起你的装备，找一份深海潜水员的工作，或者雇主很难找到人的那种工作。

失业为什么一直存在

我们也明白，对于那些一直在努力找工作的人来说，上述这个答案毫无用处。找一份难以胜任的工作是没有意义的。其中的原因在于，劳动力市场并不能立即完美地匹配需求。我们要考虑磨合的过程，即供应和需求顺利匹配的过程。因此，任何经济体都存在失业问题。

在18—19世纪，早期的经济学家（也被称为古典经济学家）对人们失业的原因给出了一个相当无情的结论：失业只是供给过剩的结果，它的出现是因为劳动力数量比现有的工作岗位多。例如，如果窗户清洁工过剩，比需要清洁的窗户多，工资就会下降，一部分人不愿意再从事清洁窗户的工作，他们就会失业。

在这个结论中，失业被解释为一种选择：人们不接受市场决定的工资。换言之，工资不足以吸引人们出来工作，即没有达到潜在的劳动力愿意接受某项工作的“保守工资”。

在接下来的100年里，其他经济学家发现了这一理论的问题。首先，它在20世纪初就受到了约翰·梅纳德·凯恩斯的批评。凯恩斯认为，失业是由于对劳动力生产的东西需求不足而造成的。随着时间的推移，经济学家在古典经济学理论中发现了越来越大的漏洞。他们逐渐认识到，劳动力市场经常偏离正常的运行轨道。并不是每个人都能在经济状况发生变化时立即就辞职并接受再培训，甚至并不是每个人都知道有什么工作岗位可供选择。

这意味着，现在的经济学家通常不会认为人们会自主选择失业。相反，他们通常是非自愿失业的受害者。古典经济学理论已经让位给了新古典经济学理论——一种关注劳动力供给变化的理论。

失业存在几种不同的形式。第一种失业形式是**周期性失业**。正如我们将在第9章中探讨的那样，经济的运行是周期性的，有繁荣期，也有衰退期，这对劳动力市场有巨大的影响。在经济周期波动中，工作岗位的数量可能会迅速变化：在繁荣期，企业扩张并大量招聘；在衰退期，企业可能倒闭并裁员。然而，劳动力供给的变化要慢得多。这意味着，在衰退期，许多人会被迫失业。

工作岗位与失业率之间的关系可以通过一个简单的经济分析来解释。我们可以统计劳动力市场中招聘广告的数量（职位空缺的数量）以及找工作的人数（失业率），然后通过图表对两者进行比较。如果周期性失业的概念是正确的，那么在明显的衰退期，职位数量会下降，失业率会上升。

像经济学家一样思考

贝弗里奇曲线

20 世纪 50 年代，经济学家克里斯托弗·陶（Christopher Dow）和莱斯利·亚瑟（Leslie Arthur）证明，周期性失业很常见。他们将反映周期性失业的曲线命名为“贝弗里奇曲线”，以纪念福利国家概念的创始人之一威廉·贝弗里奇（William Beveridge）。贝弗里奇实际上与该曲线无关，但据他们推测，他会赞同这个发现。

然而，周期性失业的概念并不能解释市场中的所有失业情况。市场上可能有很多空缺的工作岗位，也可能有很多人在找工作。例如，在 2007—2008 年的全球金融危机之后，一些经济体的失业率很高，职位空缺也很多。

这就引出了我们的第二种失业形式——**结构性失业**。21 世纪末的美国建筑业对这个概念进行了很好的诠释。在美国，当房屋需求下降时，许多建筑工人发现自己失业了，但当他们寻找其他工作时，发现自己能胜任的并不多。当时，对破产事务律师的需求很高，但这个岗位显然不需要砌砖、搅拌水泥等技能。失业是由经济结构变化造成的，而现有的工人技能不足。这种结构性失业可能需要很长时间才能解决，因为它涉及工作技能的调整。

数十年来，经济学家始终都清楚周期性失业和结构性失业的重要性，政策制定者也一直在试图减少这两种失业。然而，近年来，许多经济学家开始关注第三种失业形式——**摩擦性失业**。

摩擦性失业与这样一个事实有关，即无论经济状况如何，总有一些人处于失业状态。想一想你上次填写简历和申请工作是什么时候。可能你经历了一个漫长的面试过程，也可能你多次尝试后才找到了合适的岗位。辞去前一份工作和找到下一份工作之间的空档意味着，即使在一个效率极高、蓬勃发展的经济体中，也总有一些人失业。总之，求职者和工作本身之间存在“摩擦”。

像经济学家一样思考

解构劳动力市场的“搜索与匹配”模型

诺贝尔经济学奖获得者彼得·戴蒙德（Peter Diamond）、

戴尔·莫滕森（Dale Mortensen）和克里斯托弗·皮萨里德斯（Christopher Pissarides）试图评估摩擦性失业的影响。他们开发了一种“搜索和匹配”模型，解释了寻找工作的人与工作岗位之间的匹配的确需要时间。这个模型考虑了这样一个事实：人们可能不知道有哪些工作岗位。在英国这种规模的经济体中，每 3 个月就会提供 60 万至 100 万个工作岗位。[3] 人们应该如何寻找工作？如果有些人找到的是不合适的工作该怎么办？如何判断是否应该辞去现有的工作，并且能够找到另一份更好的工作？这些摩擦会使劳动力市场无法正常运转，降低了经济学家所说的“匹配效率”。

近年来，新技术在一定程度上减少了这些摩擦。领英和一些招聘网站的出现意味着人们比以往任何时候都更了解现有的工作岗位，但摩擦性失业仍然伴随着我们。无论经济状况如何，就业市场的摩擦意味着永远不可能出现零失业率，即使市场上有相同数量的工作和求职者。劳动力市场的情况太复杂了。

《辛普森一家》的劳工关系启示

在电视剧《辛普森一家》中，伯恩斯先生给了斯普林菲尔德核电站的工人们一份新的合同。这份新合同和旧合同几乎没有差别，除了用一桶免费的啤酒代替了原来免费的口腔保险。起初，工人们欢呼雀跃。直到霍默·辛普森想起丽莎需要一副新的牙套，而牙套本来是由保险公司支付费用。他联合同事们采取行动，垒起椅子，并把新合同撕成碎片。

在接下来的几周里，工人们试图努力保留现有的福利。与此同时，伯恩斯先生想出了更大胆的办法来减少工人们对他的威胁，包括打算自己经营工厂，雇用暴徒来破坏工人组织等。在这部电视剧中，雇主和工人之间历经几次回合，最终大家巧妙地提炼出了新合同条款的设定规则，以及找到了在不找新工作的情况下获得加薪的方法。

从某种层面上看，这些较量很简单。工人和雇主并不具备相同的议价能力，并不总是需要彼此。有时，雇主迫切地需要员工；而其他时候，员工又可能很轻易地被替换。在通常情况下，工人被替换的难易程度决定了他们的加薪要求（或免费的口腔保险）能否实现。

但是，是什么原因决定了工人被替换的难易程度呢？在整体经济层面，这取决于就业情况。

像经济学家一样思考

菲利普斯曲线

工资和就业之间的关系是新西兰经济学家威廉·菲利普斯（William Phillips）的研究重点。菲利普斯是个古怪而富有远见的人。1949 年，他制造了一台在水上运行的模拟计算机——国民货币收入模拟计算机，用于模拟经济运行。这台计算机以不同的速度在不同的水箱之间输送水，以显示如果改变其中的资金量，经济的不同部分会如何反应。

然而，菲利普斯得以名声大噪是因为他提出了“菲利普斯曲线”，该曲线显示了失业率和工资之间的关系。[4] 当失业率高时，工资增长率低；当失业率低时，工资增长率高。

菲利普斯曲线的基本内涵是，当没有足够的工作可供选择时，员工就没有太多的能力协商加薪，因为可能随时有失业者来接替他们的工作，这意味着工人没有太多的议价能力。与此同时，雇主并没有考虑扩大业务，因为市场对其产品或者服务的需求不足，他们不太愿意接受支付更多工资的请求。

相反，如果失业人数较低，如在经济繁荣期，企业更有可能扩张，并雇用更多的工人。这意味着求职者数量减少，雇主必须提供更诱人的工资来吸引人们，或者吸引已经从事其他工作的人。因此，工资上涨得更快，劳动力市场“紧张”，工人有更大的议价能力。

劳工的相对议价能力

资料显示，菲利普斯在 20 世纪 50 年代末的一个周末首次提出了失业率和工资这对变量的关系，此后这种关系一直是进行经济分析的核心要素。工资与劳动力市场的关系对于通胀率的建模尤为重要，我们将在第 6 章中讨论。工资上涨是整个经济体物价上涨的主要原因。在许多国家，这是过去半个世纪政策制定不可或缺的因素。然而，这种关系也并非没有争议。一些经济学家质疑这种关系的有效性；另一些经济学家则认为，在某些时候它确实有效，但用处不大，因为劳动力市场很复杂，同时受到了许多因素的影响。所有因素都以不同的方式影响着工人和雇主的相对议价能力。

例如，即使整个劳动力市场有很多工作岗位，也并不意味着每个人所在的地区都有很多工作机会。劳动力并不是完全流动的。虽然斯普林菲尔德的工人可以搬到另一个城镇，如邻近的谢尔比维尔，但他们可能并不愿意这样做。在斯普林菲尔德，核电站是当时最大的雇主，许多工人只能受雇于伯恩斯先生的公司，而且它是垄断的。这意味着即使工人们要求加薪，伯恩斯先生也可以坚持只提供低工资和低福利。因此，劳动力的相对流动性也影响着工人的议价能力。

技术因素也是其中之一。一旦工人们离他而去，伯恩斯先生就要亲自和助手维龙 · 斯密瑟斯一起经营发电厂。为了做到这一点，他们引进了装在标有“100% 忠诚”的纸箱里的新一代机器人。不幸的是，机器人很快接管了工厂，并高呼“粉碎、杀死、摧毁”，迫使伯恩斯和斯密瑟斯逃离工厂。当然，并不是所有的技术创新都会适得其反。自动化——人类劳作被新技术取代的过程，长期以来一直是工厂发展的主题，通常也会降低工人相对于雇主的议价能力。尽管自动化并不总是对工人不利，一些机器人可能协助工人更好地工作，提高他们的生产率并提高工资，但就斯普林菲尔德核电站而言，这似乎不是伯恩斯先生的意图。

然而，最重要的是，劳动力的相对议价能力是由其组织水平决定的。霍默并不是在单独应对伯恩斯先生。在一次全公司的会议上，他发现了新合同中口腔保险缺失的问题，于是他和其他工人聚集在一起，投票决定是否接受新合同。在表达了反对意见后，他说服同事们组成一个工会，共同努力，争取达成更好的协议。最终，他们罢工了。

在几次试图破坏罢工失败之后，伯恩斯先生接受了工人的要求。为什么罢工奏效了？因为工人的集体议价能力超过了个人的议价能力。工会成员团结起来，改善了他们的就业环境。不过，这样的罢工并不总是对工人有利。如果威廉·菲利普斯活着的话，他可能会指出，他们的成功取决于工人的不可替代性，也就是说，他们不容易被替换。在斯普林菲尔德，显然很难找到替代劳动力，尤其是在邪恶的机器人出现故障之后。但事情并非总是这样。有时罢工工人的工作可以实现自动化，有时雇主可以雇用其他正在找工作的人。

无论罢工是否成功，其影响都可能波及整个经济。劳动力价格的上涨可能增加商品或服务的成本。在斯普林菲尔德罢工期间，伯恩斯先生来到发电厂的一个隐蔽的房间，关闭了斯普林菲尔德的电力供应。这是一种恶意行为。然而，一些经济学家无疑会说这是在没有工人的情况下电力成本增加的必然结果，因为这会使得伯恩斯先生的工厂无法生存。此种言论一旦蔓延，罢工就会给斯普林菲尔德的人民带来很大的负面影响。

然而，即便在上述所有情况下，劳动力市场的基本规则还是正确的。工人必须增加边际产量才能获得加薪。如果每个人都以理性的方式行事，那么你的雇主寻找替代者的成本肯定比给你加薪的成本更高，否则他们就会拒绝你的要求。

增加收入的方法就是投资自己

如果你发现不能联合足够多的同事来形成集体谈判能力，那么还有另一种方法可以提高自己的收入，那就是投资自己。

我们的目标就是提高劳动的边际产量。根据美国经济学家加里·贝克尔（Gary Becker）的说法，当你学习新技能时，会提升自己的生产率，反过来会增加雇主的利润。这可以帮助企业提高生产率，从而促进经济增长。经济学家将这些技能称为**“人力资本”**。

有很多方法可以增加你的人力资本。最显而易见的是通过正规教育，即上各种学校，包括大学。正如我们在第 2 章中讨论的，上大学会使你的终身收入增加数十万英镑，如果你拥有某些学科的硕士学位，收入会更高。这是因为你有资格从事技术更高的工作，这会产生更高的货币价值。如果你负责设计手机，你的边际产量会比超市理货员的更高。而要做到这一点，你可能需要一个学位。

然而，高学历并不总是会带来经济上的更高回报。在英国，拥有硕士学位的人（如本书作者之一）往往比拥有博士学位的人（如本书的另一位作者）赚得更多。[5] 这是因为拥有博士学位的人通常希望成为大学讲师，而不是银行投资家。而且与硕士学位相比，许多有博士学位的学科不怎么偏重商业。同样，并非所有的学科都一样。有些学科学位可能比其他学科学位更能提高你的终身收入。例如，大学毕业 5 年后，医学、经济学和数学专业的人平均收入更高，而艺术、农业和心理学专业的人收入更低。[6]

但如果你无法获得学位，还有其他方法可以投资你的人力资本。就像我们在“堡垒之夜”冠军身上所看到的那样，你可以通过非正式教育的方式获得技能，如在工作中学习，或者晚上玩电子游戏。大多数雇主都知道，为员工提供培训有助于提高他们的工作能力，提高生产率。出于这个原因，许多公司有学徒制来帮助新手提高技能。

不幸的是，人力资本也会贬值。想象一下，你是一名因受伤而无法工作的职业运动员，休息几个月后，你开始尝试慢跑，但很快就意识到自己的身体状况比以前差了很多。你上气不接下气，肌肉开始酸痛，而且你的技术也变得很生疏。同样，长期失业的人可能会发现他们的人力资本价值下降了。

当人力资本价值的下降是永久性的，这就被称为**迟滞**。如果人们在经济衰退期失业，他们就可能会失去找工作的动力，失去培训机会，或者忘记以前学到的技能。迟滞是经济衰退中具有腐蚀性的影响之一，因为它能带来长期难以消除的经济和社会后果。例如，研究表明，在经济衰退期毕业的学生在经济衰退后 10 年的收入可能低于在经济繁荣期毕业的学生。

出于这些原因，许多经济学家认为，教育对形成和维护人力资本至关重要，而劳动力和雇主的主要优先事项之一都应该是获得教育。关于教育还有另一种理解：作为一种发送信号的方式。纽约大学诺贝尔经济学奖获得者迈克尔·斯宾塞（Michael Spence）并不认为教育本身有助于提高边际产量或工资。在斯宾塞的教育和收入模型中，有些人在某些领域天生就比其他人有更高的生产率。雇主面临的问题是如何区分高（低）技能和高（低）生产率的劳动力。

考虑到这一点，斯宾塞认为受教育程度向雇主发出了一个信号，即谁的价值高，谁的价值低。斯宾塞认为最有天赋的学生的分数并不反映教育水平本身的高低，而标志着先天的智力水平。这一打破传统的理论对教育政策有着深远的影响。这表明，如果你天生就是一个生产率较低的人，那么在教育上花很多钱就是个坏主意，实际上不会提高你的边际产量。尽管如此，无论是在增加人力资本，还是仅仅发出一个信号，所有经济学家都认为，在某项有用的资格考试中获得好成绩可以增加你的收入。这也许是获得更高工资的最艰难但最有效的手段。

21 世纪初，戴夫·沃尔什（Dave Walsh）为了玩电子游戏《光环》，辞去了邮局的暑期工作（父亲在邮局工作）。相信大多数父母都会对此感到失望。但沃尔什的父亲没有。他的儿子证明了玩电子游戏的收入会远远超过邮局暑期工作的工资。他的父亲祝福了他。

这是一个正确的决定。在第一场比赛中，戴夫就赢得了 5 000 美元，比他在邮局赚的多得多。2 年后，他签了一份为期 3 年、价值 25 万美元的合同，加入了一支电子竞技队。6 年后，他赚到了足够的钱，退休了。

沃尔什的故事是劳动力市场中个人工资决定机制的一个缩影。沃尔什在邮局的边际产量相对较小，包裹对邮局的营业额增加的作用也相对较小。但他在电子竞技队的边际产量要高得多，可以获得丰厚的商业赞助和奖金。戴夫做出了一个经济上合理的决定：离开邮局，成为一名职业游戏玩家。

虽然人们可能不太熟悉《光环》游戏，但 19 世纪的古典经济学家应该理解沃尔什的故事。根据古典经济学理论，工资由劳动力供给（你和你的工作意愿）和劳动力需求（谁愿意雇用你）决定。他们会说，如果对自己的工资水平不满意，你就会辞去工作。

然而，从其他经济角度来看，沃尔什的故事并不具有代表性。20世纪，经济学家开始承认劳动力市场比经典经济学模型所揭示的市场要复杂一些。市场中一直有空缺的工作岗位和需要工作的人，但失业率从未达到零。就像其他市场一样，劳动力市场充满了摩擦，这些摩擦使供需无法立即匹配，也意味着人们将一直在寻找合适的工作，而雇主则会一直寻找合适的员工。并不是每个人都能像沃尔什那样说走就走，找到一份更好的工作。他们甚至可能不知道有哪些薪水更高的工作。

考虑到这些劳动力市场的摩擦，如何获得加薪这个问题就变得更加复杂。一方面，你可能只是要求加薪，但这可能很难，取决于你的雇主对你的工作的重视程度，或者他们能否轻易找到取代你的人。很多工作很容易被取代，但是，如果所有工人聚集在一起要求加薪并威胁说要离开，雇主可能答应提高所有人的工资。

另一方面，锁定高薪和有保障的工作的好方法反而很简单。简单，但绝非易事。你可以通过投资自身的人力资本来提高你的技能，无论是上大学还是接受更多的培训。教育是提高收入的可靠途径之一，可以确保随着劳动力市场的变化，特别是在对技能要求更高的情况下，你仍然有工作。

所以，如果你想获得更多的报酬，就让自己继续接受教育，或边工作边学习。但在报名攻读博士学位之前，请仔细考虑清楚。

Can't We Just Print More Money?

04

我为什么比曾曾祖母更富有

经济增长、GDP 的前景与隐忧

Can't We Just Print More Money?
要点前瞻

想象一下你发明了一台时间机器。但是，这台时间机器的功能非常有限。它没有带你去到一个有趣的地方，如罗马帝国鼎盛时期的伦迪尼乌姆[①]，或者利物浦甲壳虫乐队的演唱会现场，而是把你丢在了20 世纪 70 年代中期的英国。

① 公元 50 年左右，罗马人在泰晤士河畔建立了一个名为伦迪乌姆（Londiniu）的定居点，后来发展为现今英国首都伦敦地区。——编者注

这里的环境并不迷人。转过每个路口你都会看到一些奇怪的流行元素——喇叭裤、松糕和“鲻鱼头”。收音机正在播放暴龙乐队的歌。大多数餐馆似乎都在供应鸡尾酒虾、菠萝棒等食物。当你逐渐习惯了周围的环境后，你会意识到这比想象中更令人失望。当尝试与周围的人交谈时，你会发现一半以上的家庭没有汽车。对大多数人来说，如果能够负担得起的话，出国度假是一种难得的享受。[1]

很快你会发现，如果回到 20 世纪 20 年代，情况会更糟糕。所以你决定逼迫自己尽快适应。当你逐渐习惯了 20 世纪 70 年代的生活时，你找到了一份办公室工作，但这也令人失望。失望并不只是来自工作本身，比如，在这个时代，大多数老板都是男性，打字机非常笨重，经理午餐时间喝酒也很常见，还有工资——你的工资少得可怜。以今天的货币计算，1977 年英国普通家庭的收入不到 2020 年的一半。[2] 在人们印象中，当时的英国很困难。媒体称当时的英国为“欧洲病夫”，近 1/4 的英国人生活在贫困线以下。[3]

也许你认为 20 世纪 70 年代太糟了。但是，如果你启动时间机器回到更早的年代，情况也好不到哪里去。如果你回到 1900 年，以今天的货币计算，普通工人每周的收入相当于 75 英镑；如果你回到 1800 年，那将是 25 英镑。你越去往更早的年代，普通人的境况就越糟糕。[4]

事实上，21 世纪的生活可以说比 20 世纪 70 年代、20 世纪初或 19 世纪要好得多。财富的增加带来了生活质量的明显改善，更高的收入带来了更长的寿命、更好的受教育机会和更多的工作保障。自 1970 年以来，英国人的平均寿命增加了 10 年。[5] 因此，即使你真的制造了一台时间机器，最好还是待在原地，这不仅仅是为了躲开“鲻鱼头”。

到底是什么原因造成了代际之间财富和生活质量的差异？答案是经济增长。总的来说，除了某些特殊情况之外，人们的生活质量与经济增长水平有关，即经济是增长、萎缩还是停滞。在过去 200 年里，经济总的发展轨迹是增长的。

衡量经济发展的指标：国内生产总值

简单地说，经济增长是一个国家或地区人均产出（或人均收入）水平的持续增加。一般来说，当一个经济体在增长时，可以在不降低生活水平的情况下满足人口的增长。如果说经济学是关于稀缺资源分配的科学，那么经济增长创造了更多可供分配的资源。

增长是一个抽象的概念，因此经济评论员喜欢用比喻来对它进行解释。在新闻中，你可能看到增长被描述成一辆汽车，在高速公路上加速或减速；或者被比作一座花园，有着丰富的生态系统，只有得到良好的照料和管理才会鲜花盛开。我们比较喜欢的比喻是蛋糕，因为它听起来汽油味比较轻、花粉过敏的风险比较小。增长使蛋糕变得更大，这意味着有更大的蛋糕可供分配。

但是，我们如何判断蛋糕真的在变大呢？正如我们在第 1 章中所讲述的，经济体系是巨大的，由无数人和他们的无数选择组成。因此，监测经济活动中发生的一切是一项艰巨的任务。

美国政府从 20 世纪 30 年代开始着手解决这一问题。当时正值经济大萧条时期，每个人都知晓经济陷入了困境：失业率一直在增加，无数企业和家庭破产，无家可归的人越来越多。问题是，美国政策制定者也没有很好的方法来评估经济情况。很明显，经济正在萎缩，但萎缩的程度谁也判断不了。这使美国政府很难找到好的应对方法。

为了解决这个问题，美国国会请来了西蒙·库兹涅茨（Simon Kuznets）。库兹涅茨是美国国家经济研究局的经济学家，负责分析美国经济数据。1931 年，库兹涅茨和他的团队被要求找到一种衡量美国经济健康状况的方法。这是一个很高的要求，尤其是在一场前所未有的灾难性大萧条中。但库兹涅茨的团队迎难而上，在接下来的 3 年里，他们研究了不同的经济增长方式，最后撰写了一份名为《国民收入》（*National Income*）的报告，提出了当今世界上通用的衡量经济健康状况的指标：**国内生产总值**（GDP）。

GDP 可以用 3 种方式来衡量：某个经济体生产的所有商品的总价值；某个经济体中所有人通过生产这些商品和服务所获得的总收入；某个经济体中的所有人在一定时间内的总支出。从不同的角度来看，这些方式都是在衡量同一种经济现象：生产和销售的东西越多，价值就越高，GDP 也就越高。可以用以下这个方程来表示：

$$GDP=C+I+G+(X-M)$$

这个方程只是对某个经济体中的支出总和进行粗略估计。人们可以购买他们想买的东西（consume，C），如购买涂了牛油果酱的烤面包作为早餐；也可以投资厂房、机械制造（invest，I）等。或者，政府可以增加基础建设、医疗服务等方面的开支（government，G）。还有外国的资金流入，用于购买本国生产的产品或者提供的服务，即出口（export，X），以及用于进口的资金（import，M）。当我们把所有这些因素加起来时，就大致得到了总支出：因为你所花的钱变成了别人的收入，你也一定从某个地方得到了自己的收入。

库兹涅茨一开始就承认，这不是一个完美的衡量方法。首先，它无法衡量许多真正影响人们生活的因素。比如，GDP 不能衡量幸福感，无法衡量环境恶化的程度，也无法衡量社会的不平等。因此，它并不能全面地衡量生活水平。尽管生活水平和 GDP 相关，但有时经济在增长，人们也可能变得越来越不幸福。罗伯特·肯尼迪曾经说过，“简言之，它衡量的是除让生命更有价值的东西以外的一切”。[6]

如何衡量GDP

许多经济活动是 GDP 无法衡量的，至少迄今为止在历史上没有被衡量过。以英国为例，2014 年，报道称英国的 GDP 将在一夜之间猛增 100 亿英镑，增幅近 5%。[7] 这并不是因为英国工人的生产率忽然以令人难以置信的速度得到了提升，而是因为用于计算 GDP 的因素发生了变化。英国国家统计局的经济学家和统计学家认为应该扩大经济的内涵，将更多的因素包括在内，诸如嫖娼、非法药物买卖等非法经济活动。在库兹涅茨最初的 GDP 计算公式中，并不包括非法经济活动，但它们显然也是经济活动，有生产者和消费者、供应链和企业。

此外，还有大量合法但被 GDP 计算公式忽略的经济活动。一般来说，那些没有在市场上交易的活动都被忽略了。比如，对社会运转至关重要的家务劳动包括洗衣服、洗碗、做饭等。据估计，2016 年，没有薪水的家务劳动使英国经济增加了 1.24 万亿英镑，相当于当时 GDP 的 63%。[8] 然而，由于家务劳动没有被纳入经济活动，因此统计学家没有将其视为经济的一部分。这导致了一个奇怪的结果：如果你用吸尘器打扫自己的客厅，这对经济增长于事无补。但假设你和邻居达成了协议，他们花 20 英镑请你打扫他们的客厅，而你也花 20 英镑请他们打扫你的客厅。一天下来，你们双方都既没有赚到钱，也没有经济损失，但你们的客厅都被打扫干净了。[9] 然而，因为有交易，所以这种清洁劳动神奇地为 GDP 做出了贡献。

最后，众所周知，GDP 很难精确衡量。当一位新闻播音员说“经济增长了 X%”时，真正的意思是“经济学家估计，经济创造的物品数量增长了 X%”。这种估计可能并不准确。经济学家通过将经济不同方面的大量数据相加来计算 GDP。在英国，统计人员从数以千计的公司收集信息，内容包括制造了多少辆汽车、出售了多少栋房屋、出口了多少奶酪等。但这是一项艰巨的任务，经济活动太多，无法全部囊括在内。因此，经济学家只归纳了小部分经济活动，并将其放大以代表整个经济。这个数字不可避免地会有偏差，即便这已经是一个比较准确的估计。

然而，在 20 世纪 30 年代的美国，执政者很少有时间这样吹毛求疵。经济虽然在衰退，但他们仍然需要一种方法来追踪其变化的轨迹。富兰克林 · 罗斯福政府在第二次世界大战期间继续使用 GDP 的概念来帮助其制定经济政策，其他国家很快也效仿并采用了这一衡量标准。近一个世纪后，GDP 仍然是最常用的衡量经济增长的指标。

既然存在种种缺陷，为什么这么多政府仍然痴迷于 GDP？因为，只要你略微谨慎一点，GDP 肯定会为你提供一些关于人们生活水平的有用信息。

然而，其中还有一些陷阱。从表面上看，法国的 GDP 与印度的相当，但如果考察这两个国家，你会发现法国的人均收入显然更高。因此，经济学家倾向于使用人均 GDP，即 GDP 除以人口总数。印度的人口比法国多得多，按人均计算，印度是一个更贫穷的国家。这两个国家的蛋糕大小相似，但在法国，每个人都会得到一块比印度人大 40 多倍的蛋糕。

这块蛋糕的大小对你的生活方式会产生巨大的影响。例如，研究发现，经济增长会使贫困率下降。而且其中一项研究发现，当人均 GDP 翻一番时，处于底层的 1/5 人口的平均收入也会翻一番。[10] 虽然这并不适用于所有国家，但这是一个有用的经验。1981—2010 年，中国 6.8 亿人摆脱了贫困，这一数字很惊人，超过了拉丁美洲现有人口的总和。在很大程度上，这是因为中国经济的增长。

更广泛地看，GDP 的增长与健康状况改善也有关系，特别是在发展中国家。数据显示，高收入国家的儿童死亡率更低，疾病的流行率也大致如此。在印度尼西亚，1975—2020 年，人均 GDP 平均每年增长 3.5%，在 2019 年，其人均寿命从早先的 55 岁增加到了 72 岁，每千名新生儿死亡率从 10% 左右下降至 2%。[11] 此外，GDP 的增长还显示了受教育程度的提高。在高收入国家，人们接受正规教育的机会更多，这意味着他们在未来有更多机会获得薪水更高的工作。

增长很重要。幸运的是，全球经济的长期趋势是增长的。根据牛津大学"我们的数据世界"项目的研究，1500 年，全球经济价值约 4 310 亿美元；1700 年为 6 430 亿美元；1900 年为 3.42 万亿美元，比 1500 年增长了近 8 倍。从那时起，这个数字开始呈爆炸式增长，先达到了 10 万亿美元，然后是 50 万亿美元、100 万亿美元。至 2015 年，世界经济总价值约为 108 万亿美元，[12] 是 1500 年的 250 倍。如果 1500 年全世界的"经济蛋糕"可以放进一个 20 × 10 厘米的盒子里，那么 2015 年这个蛋糕将比乒乓球桌还要大，并且每个人的蛋糕都大了 15 倍。我们比我们的祖先更富有，这是为什么呢？

促进经济增长的四大生产要素

假设你打算烤一个"经济蛋糕"，这个蛋糕足够大，每个人都可以分到一大块，还能剩下一些。烤这个蛋糕，你需要什么原料？用什么配方？

这些都是经济学家提出的问题，尽管通常不会真的烤蛋糕。最经典的答案来自经济学家罗伯特·索洛（Robert Solow）和特雷弗·斯旺（Trevor Swan），他们开发了一个模型，用来理解经济增长的原因。他们以亚当·斯密、大卫·李嘉图等经济学先驱的工作为基础，描述了推动经济增长的四大关键因素，统称为**生产要素**，包括：

- 土地：建立经济的空间。
- 劳动力：从事生产的人。
- 资本：工人使用的机器。
- 技术：劳动力和资本结合的效率。

这四个因素的力量很容易被夸大，因为一些经济体超越其他经济体也有一系列社会、历史和政治方面的因素。但简单来说，这四个因素仍然是考量“经济蛋糕”的有效方式。只要每一种因素都供应充足，并且它们的质量和比例正确，经济就会较好地增长。

为什么这四个因素如此重要？为了回答这个问题，让我们逐一来看一下。首先是土地。为了发展经济，你需要一个地方来承载它，就像你需要烤箱来做蛋糕一样。你拥有的土地越多，就有越多的空间来建造工厂、办公室等。在四个因素中，这是最难获得的，因为它是一种固定资产，一旦用完了，就很难获取。一些国家做过一些增加土地的尝试，如 2001 年阿拉伯联合酋长国在迪拜海岸建造了人工岛屿棕榈群岛，并在上面建造了酒店和房屋。

经济学家还认为自然资源，如铁矿石或煤炭也是土地的一部分。以水资源为例，它在大多数商品的生产过程中起着重要作用。2021 年，以半导体制造业闻名的中国台湾地区经历了 50 年来最严重的干旱，给半导体生产带来了压力，因为生产半导体需要大量的水。从一个国家的视角来说，它拥有的水资源越多，就越能制造更多的商品。如果一个国家必须购买水资源，例如，需要进口水资源的内陆国家，其生产商品和提供服务的利润率会降低，反过来会使其可能获得的GDP 下降。

其次是劳动力。一旦你有了一个地方来发展经济，就需要有人在里面工作，他们就是为你做蛋糕的面包师。人口越多，就有越多的潜在工人，可以生产更多的商品。美国和中国是两个大的经济体，人口分别为 3 亿多和 14 亿多。[13] 但就劳动力而言，人口数量并不是全部，结构也很重要。教育水平较高的劳动力可以从事能产生更高价值的工作，这反过来又会使经济获得更快增长。

年龄也很重要。人口老龄化可能阻碍经济增长，老年人大多已退休，因此他们的生产率较低。这个问题的经典例子是日本，该国近 30% 的人口年龄在 65 岁或 65 岁以上，86 000 多名日本人是百岁老人。一些经济学家估计，仅由于人口结构因素，日本的 GDP 在未来 40 年将下降 25% 以上。[14] 这种情况并不仅限于日本。一项对美国人口的研究发现，60 岁以上人口比例每增加 10%，人均 GDP 增长率将下降 5.5%。[15] 美国 65 岁或 65 岁以上人口在 2020—2060 年将增长近 70%，这是一个令人担忧的统计数据。[16]

同样重要的还有公众对于劳动和就业的态度。如果很多人不愿意或者不能工作，经济就很难繁荣起来。这种情况比你想象中更普遍：不是因为懒惰，而是因为阻碍适龄人群就业的文化障碍。最值得注意的是，许多妇女在正式和非正式就业时都面临阻碍。在美国，约 57% 的女性有工作；但在阿尔及利亚等国，这一数字降至 17%。[17]

这种性别差异的代价可能是巨大的。1970—2016 年，如果美国女性劳动力增长率与挪威相当（挪威 76% 的适龄女性都有工作[18]），那么美国经济总量将比现在多约 1.6 万亿美元。这相当于每个人额外获得了 5 000 美元的收入。[19]

有了土地和劳动力，你可能需要一些资本。在这里，资本通常指固定资本，如机器、工厂、电脑。在蛋糕的比喻中，资本不是指面粉或鸡蛋，而是指搅拌器。更好的资本可能有助于更快地做出更多的蛋糕，或者使用更少的资源做出相同数量的蛋糕。与木勺相比，电动搅拌器可以在更短的时间内制作出蛋糕。我们也可以用蛋糕以外的比喻，如一家服装厂，工人使用的主要资本是剪刀和缝纫机，没有这些，工人根本就做不出衣服；或者想象为会计业务，如果没有电脑，会计师就无法帮助他们的客户在电子表格中查询数据。

遗憾的是，资本并非一成不变。随着时间的推移，你的电动搅拌器可能会坏，甚至可能增加制作蛋糕的时间。同样，整体经济中的资本会随着工厂零件的损坏或计算机系统的崩溃而流失或减损。如果资本没有持续得到改善，经济增长可能会停滞。

在这种情况下，技术就有了用武之地。技术可能是经济增长中最重要的因素，事实上，这是我们早些时候提到的经济学家罗伯特·索洛和特雷弗·斯旺的伟大洞见。他们认为，技术使蛋糕的大小成倍地增加。尽管经济学家对技术的定义可能不准确，但技术通常是指改善我们使用其他生产要素的方式。与土地、劳动力和资本不同，技术使这些生产要素更好地发挥作用，确保它们以尽可能有效的方式被组合和使用，这样就可以用同样的生产要素生产更多的东西。

我们可以把技术看成知识，或者技能。你做蛋糕的知识越多，就越有可能用同样的烤箱（土地）、同样的劳动力（你）和同样的资本（搅拌器）做更多或更好的蛋糕。技术可能是一本新的食谱，其中包括改进的巧妙方法，即便使用的是与以前相同的生产要素。

“技术”一词往往会让人联想到近年来最耀眼、最具未来感的创新，如平板电脑、互联网、无人驾驶汽车。但技术远非止于此。技术还包括法律、车轮的发明、专利等。通常，最能推动经济增长的技术都相当简单，甚至有点单调、乏味。例如，剑桥大学经济学家张夏准（Ha Joon Chang）认为，与互联网相比，简单的洗衣机在推动经济增长方面所起的作用可能更大。[20] 洗衣机使人们（尤其是女性）可以花更少的时间做家务，腾出时间进入劳动力市场，这基本上使劳动力供给翻了一番。

在上述关系中，技术的作用可能不如劳动力、土地和资本那么明显，但它至关重要。因为它决定了其他 3 个因素组合的效率，并最终决定了经济效率的高低。它能够帮助人们在不向搅拌器中添加更多配料的情况下制作出更大的蛋糕。

一旦了解了这 4 个因素，你就可以回答本章标题中的问题了。由于经济增长，你比你的祖先更富有。经济增长来自 4 个因素的推动，其中最显著的推动力来自技术的进步。经济增长给你的生活带来了巨大的好处：更好的医疗保健、教育和食物，名牌服装、智能手机和等离子电视等。

经济增长带来的影响一定是正面的吗

政府官员和经济学家都十分看重增长。经济衰退可能被视为一场国家灾难，在 2007—2008 年全球金融危机期间看过新闻的人都会这样认为。在英国，实现和维持经济增长通常被视为政府最重要的经济目标。

但我们不应该得意忘形。经济增长并不总是对人们的生活产生积极的影响，至少有些经济学家认为不是这样。

经济增长的负面影响引起了西蒙・库兹涅茨的兴趣。在 1955 年的一篇论文中，库兹涅茨提出了一个模型，概述了在某些情况下经济增长可能会加剧社会的不平等。在经济增长的早期阶段，收入不平等很可能随之而来。但随着经济的平稳发展，不平等程度最终会下降。尽管如此，他仍是最早指出增长会带来潜在问题的经济学家之一。如今，许多经济学家都认为，过度的增长可能不是一件好事。他们认为，在某些情况下，经济增长会带来不平等、幸福感下降，甚至会破坏环境。

在经济增长道路上的上述这 3 个“颠簸”中，收入不平等可能是被讨论最多的。在库兹涅茨概述了增长加剧不平等的理论后，许多经济学家开始对这一理论进行检验。他们发现，在许多情况下库兹涅茨是对的。经济增长，尤其是技术进步推动的增长，所带来的好处很少会被平均地分配给每个人。

当一项新技术出现时，一些职业会被取代。这可能会让一些人受益，但不会让每个人都受益，至少在短期内不会。一些工人可能会失业，他们的技能因新技术而变得过时。想想那些在汽车出现时失业的马车司机吧；或者想想出租车司机，他们可能很快就会因为无人驾驶汽车而被迫失业。

还有超市。近年来，许多超市都引入了自助结账机，以代替收银员。这对顾客有利，因为购物者可以更快地结账，排队的时间更少。这也有利于超市老板，因为自助结账机的成本比雇用收银员更低，生产率提高，进而实现了收入增长。但不利的一面是，收银员可能会失业，收入会减少。与此同时，拥有更高技能的超市员工，如经理，则可能继续干下去，甚至在公司增加的收入中获得更高的分成。总的来说，超市的生产率更高，利润越高，不平等也会随之而来。

库兹涅茨认为，不平等加剧几乎是经济快速增长的必然结果。他特别感兴趣的是，当经济重心开始从农业转向工业时，不平等会加剧。比如，因为技术的进步，已经在城市生活的人，如工厂老板，可能获得更高的利润，因为他们可以从农村雇用廉价劳动力，并用这些劳动力生产更多的商品。这增加了城市和农村居民之间的收入差距，因为城市里的人会越来越富有。与此同时，由于农村劳动力的涌入，可能会导致城市工人的工资降低。

库兹涅茨相信这个过程不会永久地持续下去。他认为，城市中低收入人群的工资最终会提高。随着工厂老板越来越富有，他们可能会增加工人的工资；收入微薄的工人可能通过教育或技能培训来增加他们的人力资本，并找到收入更高的工作。随着增长的效应开始在整体经济中扩散，失业的收银员最终可能会找到另一份工作，而且会比之前的收入更高一些。

经济增长道路上的第二个“颠簸”——幸福感没有得到人们的广泛讨论，但可能更重要。许多经济学家试图绘制经济增长和幸福感之间的关系图。起初，货币似乎真的能买到幸福。20 世纪 70 年代，宾夕法尼亚大学经济学教授理查德·伊斯特林（Richard Easterlin）开始研究关于幸福的数据。他发现，平均而言，富人比穷人更幸福；富裕国家的人比贫穷国家的人更幸福。例如，在某个国家，低收入群体中只有 25% 的人表示非常幸福，而高收入群体中约有 50% 的人表示非常幸福。

这并不奇怪。收入的增加使人们能够购买更多的商品和服务，包括食物、住房、医疗保健服务、教育等。因此，我们在第 1 章中讨论的“效用”理论（金钱是人类欲望和需求的最好代言人）似乎是正确的。

像经济学家一样思考

伊斯特林悖论

统计数据忽略了一个方面。一旦一个国家的财富达到一定额度，幸福感似乎会趋于平稳，并且在某些情况下，幸福感实际上会下降。这被称为**“伊斯特林悖论”**。例如，伊斯特林还发现，在智利、中国和韩国，人均 GDP 虽然翻了一番，但总体幸福感实际上略有下降。[21] 这不仅在经济层面上是正确的，而且在个人和家庭层面也是如此。一项研究发现，75 000 美元的收入是保持幸福感的门槛，工资一旦超过 75 000 美元，幸福感就不会再增加。[22]

对此有一个相当简单的解释。伊斯特林说，这是一种社会比较：收入较高的人之所以更幸福，是因为他们将自己的收入与不如自己富裕的人进行比较。但当经济增长时，不太富裕的人收入增长更快，从而缩小了收入差距。同时，在个人层面，随着收入的增长，每多挣一分钱，都会产生**边际效用递减**。换句话说，你每多花一分钱，获得的幸福感增量都会降低。正如我们在第 1 章中提到的，这种现象在企业中也存在。在企业中，每多花一分钱都会带来边际利润递减。事实证明，增长也适用于人们的情绪。如果你没有车，买一辆车会让你感觉良好。然而，如果你已经拥有 3 辆车，买第 4 辆对你的幸福感不会有太大影响。

复活节岛的悲剧

然后是第三个“颠簸”：环境。根据一些经济学家的说法，过度关注增长不仅会带来不平等和幸福感下降，还会给自然界带来破坏。这与我们的经济增长配方中的第一个因素——土地有关。经济增长需要自然资源，包括为汽车提供动力的石油、为智能手机提供能量的钴。这意味着，在短期内，利用资源可以提高人们的生活水平，但从长远来看，对自然界的破坏、资源的枯竭和气候变化将降低我们的生活水平。从这个角度来看，无休止增长的所有好处看起来都是短期的。

经济增长和环境恶化之间的关系令人担忧，这也并不是近年才出现的状况。以复活节岛为例，这是一个人口稀少的岛屿，距离智利海岸约为 3 600 千米，以其巨大的雕刻石像和偏远而闻名。然而，在 15 世纪之前，这里居住着 1 万到 2 万人，经济还算比较繁荣，文明程度较高。然而，当欧洲人在 18 世纪 20 年代抵达该岛时，他们看到的人实际上要少得多，大约只有 3 000 人。这个岛屿上的人都去哪儿了？

一些研究认为，原因很简单：复活节岛的居民已经用完了土地上的自然资源。这个故事最戏剧化、最令人震惊的版本是：问题出在摩艾身上。摩艾是岛屿居民的宗教中心。传说，岛上的居民通过砍伐树木来制造工具，用这些工具建造和运输摩艾石像。也许更有可能的是，岛民砍伐树木，用于制作他们捕鱼所需的独木舟。不管怎样，随着时间的推移，再也没有树可以制作独木舟了。如果没有独木舟，岛民只能吃掉岛上的其他农作物和动物；而如果没有树木，土壤侵蚀会加剧，这会导致农作物产量下降。结果是人口的灾难性下降，这可能是由粮食短缺引发的内战所导致的。1722 年欧洲人抵达时，岛上的树木几乎被砍伐殆尽。[23] 这就是经济增长导致资源过度开发的一个例子。

许多人类学家认为，复活节岛人口的减少可能比传说中的要复杂一些。然而，对许多经济学家来说，它仍然是过度增长导致危机的典型案例。过度的经济增长会破坏环境，如今已经上升到全球性的危机。研究人员指出，大多数经济模型都忽略了环境，没有考虑环境的折旧成本。这在一定程度上可能是因为很难对自然资源进行价值评估。有研究估计，2011 年整个生物圈的年度经济价值在 125 万亿美元至 145 万亿美元之间。[24] 相比之下，当时的全球 GDP 为 72 万亿美元。新近的一项研究称这些自然资源为“自然资本”，这些资本可以从我们呼吸的空气、饮用的水和可用的绿地数量中得到。[25]

许多经济模式忽视环境的做法似乎特别短视，因为在许多情况下，现在的增长可能阻碍以后的增长。气候变化可能带来不可估量的损失，这往往对 GDP 增长不利。一些研究估计，到 2050 年，气候变化可能使全球 GDP 减少近 15%。[26] 我们已经看到了它对人们生活造成的一些影响。例如，最近的一项研究认为，2018 年加利福尼亚州的大火给美国经济造成了约 1 100 亿英镑的损失，相当于当年美国 GDP 的 0.7%。[27] 即使气候变化带来了巨大的损失，许多人依然认为，永远都无法准确地量化过度增长带来的真正的环境成本。毕竟，谁能真正为自然界定价呢？

经济增长对环境的影响

实际上，你不需要一台时间机器来理解 GDP 的力量。你只需掸掉一本旧家庭相册上的灰尘，就会发现我们现在比以前要富有。我们大多数人都住在设施更好的房子里，会去度假，比我们的曾祖父母受过更好的教育。这都是 GDP 增长的结果：消费、收入和产出的总和增加带来的变化。

时间机器的一个有趣的用途可能是去往未来，而不是回到过去。目前来看，经济增长通常会带来更大的繁荣和更高的生活质量。甚至有人会说，会带来更高的幸福感。但经济增长并不是一个简单的过程，并不总是平等地为每个人带来更好的生活。相反，它可能导致更严重的不平等和失业。展望未来几十年，更值得关注的是，世界经济增长在多大程度上依赖于环境。一些人认为，这种过度增长可能会破坏环境。

这并不是说我们必须放弃增长。许多国家正在积极应对气候变化，同时保持 GDP 的增长。当涉及增长时，技术的作用至关重要。为了应对气候危机，许多国家增加了绿色技术的投资。这项投资不仅有助于解决环境恶化问题，还可以实现经济可持续增长。更重要的是，如果创造了新的就业机会和投资机会，将更有助于 GDP 增长。

然而，关于经济增长与环境之间的关系的争论仍然令人担忧。单凭经济学并不能提供所有的解决方案。下一次如果你真的身处时间机器之中，请快进 1 000 年，看看你的后代是否比你过得更好。

Can't We Just Print More Money?

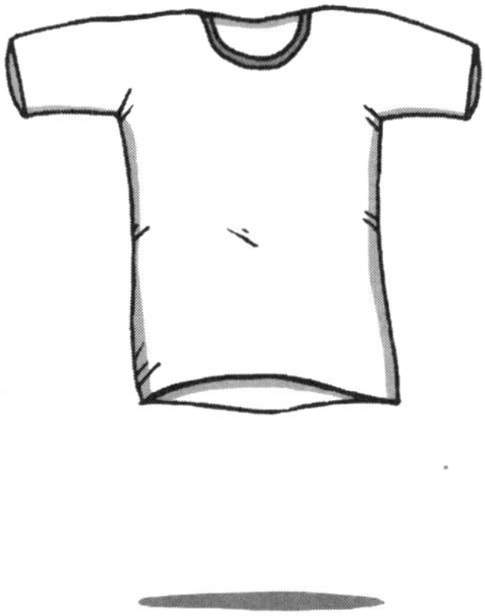

05

为什么很多衣服都是亚洲制造

比较优势与全球贸易

要点前瞻

看看身上衣服的标签，你注意到了什么？除了可能需要一件新 T 恤衫外，如果你在英国，可能会发现自己的每一件衣服似乎都是国外制造的。不只是 T 恤衫，翻看客厅里的制造标签，可能会找到 40 多个国家。灯是丹麦制造的，沙发来自意大利，电视机则来自中国。宜家是一家瑞典公司，但其出售的毕利书架是德国制造的。[1]

如果书架的标签有足够的空间，其实应该写“德国、斯洛伐克、波黑、中国、波兰、捷克和罗马尼亚制造”。这个书架最初由瑞典的一位家具设计师设计，木材来自波兰，螺钉来自中国，在德国制造，使用的是另一个国家的机器。最后，成品书架被运往世界各地的宜家仓库，准备出售。至此，这个书架的生产已经至少涉及 6 个国家，甚至更多。

物品结构越复杂，涉及的相关方就越多。平均而言，一部智能手机在制造过程中会涉及近 50 个国家，环游世界近 20 次。飞机的机翼在被正式装机之前，可能需要出入境几十次。

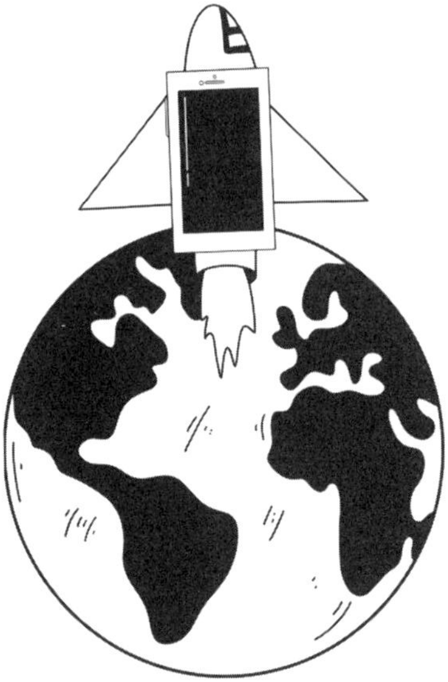

虽然这些制造和贸易活动纷繁复杂，但并没有什么新鲜之处。贸易已经存在了几个世纪，早在飞机和网络购物出现之前，贸易就已经融入了人们的生活，而且为贸易商们带来了显著的经济利益。本章将解释这是如何实现的。

专业化的优势

詹妮弗·克拉克（Jennifer Clark）是英格兰银行速度最快的铁人三项运动员。2021 年，她在欧洲铁人三项锦标赛上以 2 小时 11 分完成了 1.5 千米游泳、40 千米骑行和 10 千米长跑，这让其他参赛者为之震惊。她在赛后那个星期一回到针线街，英格兰银行的员工们（必须承认，他们肯定不是世界上最擅长运动的人）对这位出类拔萃的选手表示敬佩。

这的确令人印象深刻。然而，与世界顶尖的铁人三项运动员的纪录相比，詹妮弗的成绩相形见绌。在撰写本书时，标准的铁人三项比赛的纪录保持者是西蒙·莱辛（Simon Lessing）。在 1996 年的铁人三项世界锦标赛中，这位英国运动员以 1 小时 39 分 50 秒的成绩完成了 51.5 千米的比赛，其中游泳约 18 分钟、自行车骑行约 50 分钟、长跑约 31 分钟。[2]

这是相当快的速度。但这个速度远不如世界上最快的职业游泳运动员、自行车运动员和长跑运动员。1.5 千米自由泳的纪录保持者是中国运动员孙杨，他以 14 分 31 秒游完了这段距离①；乌干达运动员约书亚·切普特盖（Joshua Cheptegei）以 26 分 11 秒的成绩创下了 10 千米长跑的纪录；世界上速度最快的自行车运动员是比利时的维克托·坎佩纳尔特（Victor Campenaerts），他可以在大约 43 分钟内完成 40 千米的骑行。[3] 即使是历史上速度最快的铁人三项运动员，从单个项目来看，也不如最快的游泳、自行车或长跑运动员。

① 2024 年 8 月 5 日，这一纪录已被美国运动员打破。——编者注

英国央行职员的速度不如职业运动员，这可能并不令人吃惊，毕竟，经济学家的职责是制定经济政策，而不是长跑、游泳和骑自行车。前面的故事说明了一个关键的经济学原理：专业化的力量。职业铁人三项运动员比非职业运动员更快，但速度最快的是那些更专业的运动员——只专注于一项技能，无论是长跑、游泳，还是骑自行车。专业化解释了为什么西蒙·莱辛不如我们擅长写研究论文，而我们跑得不如他快。这也解释了为什么西蒙·莱辛的游泳速度不如孙杨，跑步速度不如约书亚·切普特盖，骑行速度不如维克托·坎佩纳尔特。

为了理解专业化的经济含义，我们要再次深入研究亚当·斯密的观点。在《国富论》中，他认为，工人的专业化有利于整个经济的发展，就像运动员的专业化能加速铁人三项比赛整体速度一样。他认为，这种专业化是推动生产效率提高的主要力量。

为了证明自己的观点，他在书中介绍了参观过的一家大头针工厂。他提到，在工业机械刚刚普及的时候，英国各地涌现的作坊和工厂的效率令人震惊。他认为，因为不同工人之间的分工，这些工厂的专业化程度更高，获得了更高的收益。

亚当·斯密观察到，在这些工厂中，每个工人都专注于大头针制作过程中的一个环节。制作大头针大约需要 18 个不同的步骤：取出金属线、切成小段、装上针头等。如果工厂的 10 名员工每个人都自己完成所有的 18 个步骤，每人每天可能最多制作 2 根大头针。但是，如果每个人只负责制作过程中的某个特定步骤，如我负责把金属线切成小段，你负责装上针头，那么同样的 10 个人每天可以生产 48 000 多根大头针。他写道，“在一些工厂中，大头针的制造过程以这种方式被分为大约 18 个不同的步骤，并由不同的工人完成”。[4]

亚当·斯密认为，专业化的好处是多方面的。员工不需要浪费时间在任务之间切换——不仅要转移到新的工作台，还要适应新的角色。专业化也减少了培训每个员工所需的时间和资源：工厂只需要让每个工人完成 1 项任务，而不是全部 18 项。这既节省了时间，又节省了金钱，给工厂创造了更大的利润空间，也许还能让工人获得更高的工资。

更重要的是，重复做同样的任务也意味着你会更擅长，甚至可能成为专家。专注于装针头的工人可能比专注于切割金属线的工人更善于装针头。而且某些人可能天生就比其他人更擅长生产过程中的某个步骤，因为他们的视力更好或者手脚更加灵巧，因此更适合做精细的工作，而不是高强度体力劳动。总的来说，如果每个工人都能从事各自更擅长的工作，那么大头针的质量也会更好。

250 年之后的今天，这种对专业化重要性的理解仍然是经济学中最深刻的思想之一。旧版 20 英镑纸币的背面印有亚当·斯密所说的大头针工厂，还有一句不那么朗朗上口的话：大头针制造业的分工（以及由此带来的工作量剧增）。

这句话之所以会被印在纸币的背面，是因为它的影响远远超出了大头针制造。再以铁人三项运动员为例。同样的原理也能解释为什么职业长跑运动员、自行车手和游泳运动员比铁人三项运动员的单项速度更快。铁人三项运动员必须为比赛的每个项目更换服装和鞋子，从泳衣、自行车服到跑鞋。即使是铁人三项的奥运选手也需要 30 ～ 45 秒的时间更换装备。[5]如果由 3 名不同的运动员一起参加比赛，分别完成不同的项目，这将缩短 75 秒的比赛时间，并避免一些失误。

更重要的是，这能让每个运动员都能专注于他们的优势项目——长跑、游泳或骑自行车。比如，他们可以日复一日地练习长跑。如果由世界上速度最快的职业运动员专注于各自擅长的项目，铁人三项比赛的整体时间将减少 15 分 12 秒。专注于某一个领域不仅对运动员个人有利，也能让整个队伍更快地完成比赛。

从经济学角度来看，专业化告诉我们，每个人最好坚持自己擅长的事情，让其他人也做他们擅长的事。大头针工厂已经证明，专业化能大幅提升生产力。在铁人三项比赛中也是如此，专业化意味着每个人都能更快地完成比赛。在经济生活的每个面向都是如此，在英格兰银行，经济学家和警卫职责不同，每个人都在发挥自己的比较优势。如果要保护金条免遭偷窃，经济学学位也许派不上用场；而制服盗贼的常识在制定经济政策时也没什么用。

自亚当·斯密时代以来，专业化的力量已经被发挥到了他无法想象的程度。许多工厂只生产产品中的一个小零件。例如，有些工厂只生产手机里的芯片，或者只生产汽车的某个零件，然后再到其他地方完成组装。这些零件本身的价值不高，但当它们与其他零件结合在一起时，就成了我们赖以生存的最终产品。

专业化和分工也适用于国家层面

大头针的生产和你穿的T恤衫有什么关系呢？专业化分工也适用于整个国家。想象一下，每个国家都只能在本国生产所需的商品。英格兰银行的经济学家每天只能吃牧羊人馅饼和约克郡布丁，都只能穿花呢面料的衣服。如果没有检查拼写错误的校对软件，这本书也许只能用老式的帝国打字机书写，且很有可能错漏百出，读者根本无法阅读。

当然，这么说可能有点夸大其词，但这个原理是成立的。值得庆幸的是，这不是我们生活的世界。就像亚当·斯密所说的大头针工厂一样，每个国家都只专注于生产某些自己最擅长的东西，然后通过贸易交换这些东西。美国以芯片闻名，德国以汽车闻名，法国以葡萄酒闻名，而英国则能提供更好的金融服务。为什么？因为英国公司更擅长这个领域。

这些国家之所以擅长不同的领域有多种原因。例如，英国擅长提供金融服务，因为它拥有众多受过金融专业高等教育的人才和强大的法律制度。随着金融业的发展，英国越来越多的人接受了金融方面的培训，这进一步提高了英国在金融领域的专业化水平，所以英国人就能够以比其他国家更低的价格提供更好的金融服务。

有时，这些优势领域的发展得益于当地的地理环境。例如，意大利的克雷莫纳以制作小提琴闻名。从 16 世纪开始，为了满足皇室对乐器日益增长的需求而得以发展。伦巴第大区出产两种重要的小提琴木材——枫木和云杉，因此克雷莫纳自然成为这一新兴产业的中心。随后该行业呈现出良好的发展势头。经过长期发展，这个城市的许多工匠都专注于制作弦乐器。时至今日，意大利每年出口的弦乐器 80% 都在克雷莫纳生产。

换言之，无论是由于气候、历史，还是运气，每个国家在生产某些商品或提供某些服务时都能拥有**绝对优势**。在多数情况下，其他国家不希望与拥有绝对优势的国家竞争。某个国家或地区比其他国家或地区更擅长制造某种东西，或者在同等资源的情况下生产的商品数量更多。英国种植香蕉的农场很少，这是因为英国的气候与厄瓜多尔相比并不适合香蕉的生长。

但我们生活在一个全球变暖的时代，万一英国的天气因为气候变迁发生变化呢？想象一下，英格兰南部海岸成为热带天堂，布莱顿的海滨点缀着棕榈树，马盖特越来越像迈阿密。从厄瓜多尔进口香蕉还会比在英国国内种植便宜吗？

事情的确会变得更加复杂，但答案可能仍然是“肯定的”。为什么？因为英国土地资源稀缺，尤其是南海岸土地十分有限。即使英国能够产出高品质的香蕉，但要实现产量的飞跃，意味着英国的农民必须减少其他农产品的产量，如草莓、土豆或小麦。

这就是经济学家所说的**比较优势**。专注于你擅长的事情，同时放弃你不擅长的事情。或者更严格地说，与其他国家相比，以最低的成本生产某种东西。比如，如果在英国南部海岸用同样面积的土地种植一串香蕉和一小撮草莓，种植一串香蕉需要花费 1 英镑，但种植一小撮草莓只需要 0.5 英镑。而厄瓜多尔可以以 0.1 英镑的价格种植一串香蕉，但种植一小撮草莓则需要 0.4 英镑。

厄瓜多尔显然在水果种植方面具有绝对优势。它能以比英国更低的成本生产这两种水果。但是就这两种水果而言，厄瓜多尔的农民需要放弃种植成本比香蕉贵 4 倍的草莓而只种花费较少的水果；同样，英国农民种植香蕉的成本是种植草莓的 2 倍，这意味着英国农民应该专注于种植草莓，厄瓜多尔农民则专注于种植香蕉，因为这么做带来的利润更高，资源消耗更低。两国如果能够相互交易这些水果，这在经济上对双方都是有益的，两国都能得到更好的结果。

像经济学家一样思考

术业有专攻的比较优势理论

比较优势理论是 19 世纪经济学家大卫·李嘉图的理论创新之一。他比亚当·斯密晚出生半个世纪，是一位富商，在阅读《国富论》后对经济学产生了兴趣。李嘉图采纳了亚当·斯密的专业化理论，并将其应用于国家之间。他认为，一个国家可以通过专注于具有最大比较优势的行业来促进经济增长。

但李嘉图也清楚，要想让比较优势充分发挥作用，还必须具备其他条件，如贸易。各国需要将重点放在各自具有比较优势的领域，并交换商品和服务。贸易就意味着，虽然英国种植草莓，意大利制作小提琴，美国制造芯片，你照样可以在伦敦、米兰和华盛顿买到草莓、小提琴和芯片。

即使在李嘉图的时代，贸易也不是什么新鲜事。丝绸之路是世界上最古老的贸易路线之一，从公元前 2 世纪起就将中国和罗马帝国联系在一起。[7] 随着时间推移，国际贸易额缓慢而稳定地增长。到了 17 世纪，在欧洲可以买到西红柿、咖啡和巧克力这些来自美洲的产品。19 世纪，邮轮和火车的发明使全球贸易达到了令人难以想象的水平。凯恩斯在 1919 年观察到，“伦敦的居民可以在床上喝着早茶，通过电话订购全球各地的各种产品，并期望这些产品很快就会送到家门口”。[8]

全球化背景下的经济依赖

时间快进到 21 世纪，我们生活在一个就连凯恩斯也难以想象的贸易世界。在 20 世纪，专业化程度的加深和运输成本的大幅降低带来了比以往任何时代都更频繁的全球贸易。事实上，自 1900 年以来，全球贸易增长了 4 000% 以上。[9] 因此我们觉得世界变小了。全球化——世界经济相互依赖程度更深，这意味着世界各地的大多数商品和服务都来自不同的国家。

那么，现在来回答为什么你衣柜里的 T 恤衫大多是亚洲制造的。亚洲最大的比较优势是低廉的劳动力成本。2019 年，中国全国城镇非私营单位就业人员的年平均收入为 90 501 元，约合 14 000 美元。而美国劳动力 2019 年的年平均收入为 53 490 美元。[10] 美国人口较少，平均受教育程度更高，因此工资更高。在中国等发展中国家，生产 T 恤衫等涉及大量非技术劳动力的任务成本更低。中国对制造业的重视有助于将更便宜的商品出口到许多国家，这使中国成为经济强国，拥有超过 1.28 亿个制造业工作岗位，而制造业也占到了 GDP 的近 1/3。

随着经济全球化趋势加快，国家之间的贸易也发生了变化。实物商品交易仍占主导，根据世界贸易组织的报告，2020 年实物商品占全球贸易的 77%。[11] 而贸易规模又意味着这些商品的生产比以往任何时代都更加专业化。如今，大多数实物商品的制造都需要不同国家的参与。据报道，2020 年，苹果公司从近 30 个国家采购零部件，许多国家都参与生产像苹果手机这样的高度专业化的产品。[12]

但贸易并不局限于实物商品，服务业目前占全球贸易的 23%。服务往往建立在创意、研发等脑力劳动基础之上；较少依赖体力，更多地依赖互联网等技术。这种差异在我们享受音乐和电影作品的时候十分明显。你上一次购买 CD 来听音乐或者购买 DVD 来看电影是什么时候？我们根本记不清了。与实物商品相比，大众媒体、阅读平台等数字服务可以被视为另外一种贸易。在这种贸易中，交易的是信息和数据，而不是实物商品。尽管大多数贸易数据没有正式统计，但数字贸易的规模是巨大的，包括电子邮件、视频网站、社交媒体等。这种贸易每年的总价值约为 8.3 万亿美元，如果计入官方统计数据，这一数字将使贸易总量增加 20%。[13]

更多的贸易不一定是好事

那么，贸易越多是不是就越好？有些人是这么认为的，因为贸易可以带来更便宜、更优质的商品，以及在合适的地方创造更多就业机会。但许多人认为事情并非那么简单。

在过去 20 年里，所谓的自由贸易已经成为政治上的烫手山芋。从 20 世纪下半叶开始，发达国家的制造业逐步衰落。他们的制造业无法与亚洲和其他地区的发展中国家的低劳动力成本竞争，导致工作岗位被“离岸外包”到这些国家。如果我们是在 20 世纪中期写的这本书，我们的 T 恤衫很有可能还是英国制造的，但今天就不一定了。

可以理解的是，高收入国家制造业工作岗位的减少会带来争议。在最极端的情况下，有些国家会出台政策，保护本国产业和工人，避免与外国竞争。

回想一下 2005 年的夏天。威廉王子刚刚从圣安德鲁斯大学毕业，《疯狂青蛙》霸占各类音乐排行榜榜首，掌上游戏机 PSP 刚刚出现在欧洲各地的商店。我们，本书的作者都还是谦逊的青少年，对全球供应链的兴趣刚刚萌芽。事实上，我们的主要兴趣还停留在去海滩该穿什么。但当我们经过商店时，发现衣服的货架都是空的。这是怎么回事?

答案是贸易争端。它是指国家之间通过设置贸易壁垒，限制别国商品进入本国市场。即使在全球化时代，国家之间的贸易也很少是完全“自由”的。许多国家征收关税，实质上是对从国外进口的商品征税，或者配额，限制一个国家可以向另一个国家出口的商品数量。如果发生贸易争端，各国就会对对方施加更多的限制或设置更高的壁垒。这种战争虽没有坦克或士兵，可能称为贸易争端更为恰当，但仍然会造成巨大的破坏。

在 2005 年的贸易争端中，“交战”双方是欧盟和中国。长期以来，纺织品有一个全球配额，即《多种纤维协定》，后来称为《国际纺织品贸易协定》。该协定限制了中国等发展中国家出口到欧盟等发达国家的服装数量，保护了发达国家的服装制造商，使他们不会因服装生产成本低的国家而失去过多的市场份额。

但 2005 年初，该协议被废止了。全球服装贸易不再受到配额限制。但问题是，许多国家还没有为即将面临的激烈竞争做好准备。那年夏天，美国从中国进口的服装增长了 100%，欧盟从中国进口的服装增长了 200%。[14] 西班牙、意大利等许多欧盟国家也有大量的服装制造商，他们突然面临着前所未有的竞争。

因此，欧盟实施了年度贸易配额，限制了一些中国商品的进口量。但中国政府认为这是不公平的，于是进行了有力的反击。在短短几个月内，中国向欧洲销售了超过其配额的大量服装。由于超过了配额，欧盟禁止许多中国产品进入商店，导致大约 8 000 万件衣服滞留在港口。

这场争端被命名为“内衣战争”，因为 2005 年夏天，400 万件内衣被困在商船的集装箱中，或者欧洲港口的仓库里。但内衣也不是唯一的“受害者”，还有 4 800 万件套头衫和 1 700 万条长裤。[15]

那么谁赢得了这场“战争”？想要在度假时买一套新衣服的顾客非常郁闷，他们只能买那些没有比较优势的国家生产的服装，这意味着要付更多的钱。他们还面临着套头衫、长裤、内衣以及泳衣的短缺。

欧洲的服装生产商暂时受益了，因为当时欧洲人别无选择，只能从邻近国家购买服装。但许多欧洲零售商开始抱怨，因为他们没有足够的可供销售的产品，而且价格高了很多。中国的服装制造商失去了市场，因为他们的商品不能在欧洲销售。

从长远来看，没有人真正在贸易争端中胜出。大多数贸易争端都是如此。2018 年，中美贸易争端不仅使两国损失巨大，也使整个世界深受影响。根据当时的预测，这使美国和中国的 GDP 下降了近 2%，全球 GDP 下降了约 1%。[16]

贸易争端的风险

所幸欧盟和中国最终相互妥协。欧盟放行了那些积压的服装，并允许中国将超额部分计入下一年度的配额。近年来，欧盟国家增加了对高附加值产品和技术的投资，开始制造风力涡轮机、电动汽车等产品，不再依赖需要大量劳动力的服装制造业。换言之，他们更加专注于自己的比较优势。这也防止了服装贸易争端的再次发生。

然而，完全消除贸易争端是不可能的，只要有相互竞争的国家，贸易争端就仍然会发生。不过，政策制定者已经做出了努力。各国降低贸易争端风险的方法之一是签订贸易协议。要么是两国之间的双边协议，要么是由几个国家组成的贸易集团，各国承诺遵守一套共同的贸易规则。在许多情况下，各方在贸易时会降低或取消关税，而且他们也经常举行会议，通过协商设立一套共同的商品标准。达成贸易协议的国家之间不太可能发生贸易争端。

贸易集团并不是什么新鲜事物。德意志关税同盟于1834年建立，包含当时德意志邦联的大部分地区，包括现在的德国、奥地利、捷克、卢森堡和其他周边国家。与许多现代贸易集团一样，德国关税同盟消除了成员国之间的贸易壁垒。在德意志关税同盟成立之前，据估计，各邦国之间大约有 1 800 项关税壁垒。[17] 消除这些壁垒可以使贸易更快捷、更顺畅，为贸易商带来更高的利润，也为消费者带来更低的价格。

如今的贸易集团也扮演着类似的角色。在一个全球化的世界里，贸易集团更加普遍。在欧盟内部，货物跨境运输的成本几乎为零。你可能也听说过其他的贸易集团，如美国、墨西哥和加拿大之间的北美自由贸易协定（NAFTA），现在被称为美国—墨西哥—加拿大协定（USMCA）。2020 年 11 月，区域全面经济伙伴关系协定（RCEP）将已有的东南亚国家联盟（东盟）与中国、日本、韩国、澳大利亚、新西兰等国联合起来，共同签署了有史以来的最大的贸易协定。2019

年，这些国家的 GDP 占全球 GDP 的近 30%。[18]

这些贸易集团和贸易协定一直是全球化的引擎之一。通过降低全球交易的成本，你的衣柜里装满了越来越多的海外制造的衣服。

比较优势并非一成不变

2020 年，中国出口的服装占全球服装的 1/3。孟加拉国和越南约占 6%，其次是土耳其和印度。只看服装出口量，你会认为，这些国家是世界上生产力最高、最富裕的国家，这很正常。[19]

直到你改变了视角。我们再来看跨境服务，包括通过电子邮件向海外客户提供法律咨询，以及游客在国外度假时在餐厅用餐，情况就会发生变化。美国遥遥领先于其他国家，服务出口占全球的 14%。紧随其后的是英国和德国。中国这个世界上最大的服装出口国排名第五，其服务出口额仅占全世界不到 5%，仅次于法国。[20]

现在，你也许已经明白为什么亚洲在服装出口方面占有优势，但在服务业上相对落后。这与亚当·斯密的大头针工厂遵循了相同的逻辑。当时、现在都一样，提高效率的途径就是专业化。

因为这项原则不仅适用于工厂，也适用于整个国家，不同国家有不同的比较优势领域。在许多情况下，这取决于各国可依赖的资源。这也解释了为什么瑞士以手表闻名，比利时以啤酒闻名，古巴以雪茄闻名。然而在某些情况下，一个国家的比较优势是一种社会现象：中国擅长制造 T 恤衫，因为劳动力成本低；英国擅长提供金融服务，因为拥有高度专业化的熟练劳动力。

然而，各国的比较优势很少保持不变，这是经济史上重要的规律之一。如果根据亚洲在服装生产中的主导地位得出结论：亚洲只不过是全球廉价劳动力的来源，那就错了。过去几年里，亚洲已经成为世界上手机、电脑和太阳能电池板的主要产区。再过几十年，亚洲也可能成为世界上最大的汽车出口国。谈到全球贸易平衡，没有什么是一成不变的。目前世界最大的制造商可能有一天会从今天几乎没有生产能力的国家进口服装。

Can't We Just Print More Money?

06

为什么巧克力棒会涨价

通货膨胀与通货紧缩

Can't We Just
Print More Money?
要点前瞻

在英国，人们都想知道一个问题的答案。这个问题把每个英国公民都团结在一起，包括富人和穷人，年轻人和老年人，北方人和南方人，并且逐年引发人们的不满。

这个问题就是：吉百利青蛙笑脸巧克力棒的价格是怎么回事？

许多英国人都记得，几十年前，吉百利标志性的青蛙笑脸巧克力棒只卖 10 便士。但在此后的数年之中，青蛙笑脸[1]收获的似乎不再是欢呼，而是越来越多的嘲讽。到了 2010 年，一支青蛙笑脸巧克力棒的价格达到 17 便士。2017 年，价格达到 30 便士。即使在 2021 年略微降价，在撰写本书时，青蛙笑脸巧克力棒的价格也高达 25 便士。[2]

这本书并不是在鼓动人们抵制吉百利巧克力。我们意识到，青蛙笑脸巧克力棒的价格上涨与一个几乎不可避免的经济过程有关。这个过程不仅会导致一个国家的整体物价逐渐上涨，而且会逐渐降低货币的价值，减少你可以用同样的金钱购买到的实际商品的数量。

这个过程称为**通货膨胀**。在日常生活中它可能会被忽视，但时间可能会严重影响你的购买力。在极端情况下，通货膨胀可能产生灾难性后果。在不那么极端的情况下，它也会大幅降低人们的巧克力购买力，就如青蛙笑脸巧克力棒的众多爱好者发现的那样。

如何得知当前通胀率

每年，经济学家和统计学家都会制作一份虚拟的购物清单，列出普通人会购买的商品，包括实物商品：面包、牛奶、洗发水、T 恤衫、哑铃、洗衣粉等；还包括一些服务：健身房会员服务、窗户清洁服务等。这些商品被编入一个不太详尽的综合清单，用于体现普通家庭的消费类别。

然后，统计学家会追踪清单上商品的价格，并分析它们的变化情况。正常情况下，统计人员每个月都会去市场调查商品的价格。如果这份代表性的购物清单一年前需要花费 100 英镑，现在则要花费 102 英镑，那么物价就上涨了 2 英镑，即 2%。这意味着通胀率为 2%。

并非购物清单中的所有商品价格都会上涨 2%。有些商品可能涨得多，有些只涨了一点点，甚至有些可能变得便宜了。撰写本书时，自 2010 年以来，英国的商品价格累计平均上涨了约 20%。然而长途汽车票价上涨了近 95%，一包花生的价格上涨了近 70%，文化古迹的参观费用上涨了 60%。如果你只按平均通胀率估计花销，那么去伦敦塔参观的费用将比你预估的要贵得多，尤其是如果你还想在那里喝点下午茶的话。相反，足球鞋的价格下跌了约 20%，网络游戏的价格下跌近 30%，笔记本电脑的价格几乎折半。因此，无论是在网上还是在现实中踢足球，都比 2010 年便宜得多。[3]

这个假定的购物清单里到底要列入哪些东西，是值得讨论的问题。这取决于你的目的是什么。如果你想知道制造商品的公司价格应该上涨多少，那么你应该重点关注商品原材料的价格。如果你想了解普通家庭的生活成本，购物清单的内容会大不相同，其中可能会有很多面包和牛奶，但不会放进铁矿石。

最常用的和最常被讨论的通货膨胀指标是用来衡量消费者价格的。它反映的是普通家庭的消费支出情况，购物清单上的商品内容可以反映这一点。在英国，列清单的任务落在了英国国家统计局身上。

其他国家也有类似的机构。

“消费”在这里是一个至关重要的词。房价并不是衡量物价通货膨胀的主要指标，但你想一想，消费者购物清单里试图列入的东西，就能明白了。你不会“消费”一栋房子，它不是你每月或每周例行购买的商品。但在英国，用于计算通货膨胀的消费清单的确考虑了住房的常规成本，即租金或房贷。还有一些指数试图说明一个更广泛的概念——生活成本，并据此调整购物清单的内容。

不同国家的购物清单内容不同。法国的购物清单包括青蛙腿和蜗牛；德国的清单包括香肠和炸肉排；英国的清单包括周日传统午餐“烤箱套餐”。[4] 购物清单也会逐年变化。1947 年英国国家统计局第一次挑选清单里的商品时，里面有留声机、唱片和鱼肝油。75 年之后，这些东西已经被移除，取而代之的是与现代人紧密相关的东西——奈飞（Netflix）、风味牛奶和避孕套。[5] 2021 年，因为新冠疫情，英国国家统计局首次在清单里增加了洗手液，因为它成为人们日常购物的主要商品之一。

从本质上讲，购物清单是具有代表性的，虽然它不太可能与每个人的实际支出都匹配。因此，通胀率并不能完全体现个人生活成本的变化。例如，交通费用的上涨幅度往往会超过餐饮费用的上涨幅度。如果你的收入有较高比例用于旅行，那么你的个人通胀率可能高于喜欢外出就餐的人。

调查表明，人们往往会觉得官方的通胀目标低于他们面临的生活成本的增加。[6] 这可能是因为大众的消费清单与统计学家的消费清单有所不同。或者是因为大众往往过于重视坏消息（通货膨胀上升），而对好消息（通货膨胀下降）重视不够。还有一种已被证明的偏见，即人们对他们经常购买的商品的价格（如杂货）更关注，因为这些商品的价格往往比清单中的其他商品通胀率更高。

如何计算个人的通胀率

如果你想知道自己的个人通胀率，有一些在线工具可以帮你计算。但你也可以不需工具，轻易地算出一个基本的结果。下次去超市时，保留好收据并标出你经常购买的商品，然后把收据放在抽屉里。一年后，拿出一张新的收据，找出其中与一年前购买的相同的商品，把这些商品的价格加起来除以之前购买的商品加起来的价格，得到一个百分数，这就是你的个人通胀率。

当然，如果这么容易的话，世界各国就不需要大批统计学家计算通胀率了。即使是在我们的个人购物清单中，你也会注意到一些复杂情况。如果今年买的面包比一年前买的多怎么办？统计局总是在重新调整清单里不同商品的相对比重，以符合大众不断变化的消费习惯。

还有商品的品质问题。苹果和橘子怎么进行比较？或者，苹果手机与诺基亚手机怎么对比？现在的手机和 5 年后的手机很难相提并论。诺基亚 2000 年推出的 Nokia 3310 手机，其售价为 129.99 英镑，而苹果 2020 年推出的 iPhone 12 手机，售价至少为 579.7 英镑。[7] 显然，近 450% 的通胀率并不能说明一切。最新的苹果手机比以前的诺基亚手机在功能方面强大得多，不仅能发短信、打电话，还可以拍照、录音、打游戏和上网。因此，统计学家在计算通胀率时对清单做相应的调整很重要。这种调整在科技领域最明显，因为同一科技产品的价格几十年中会一直下降，如果这些产品能一直存在的话。在考虑了品质变化的数据之后，英国的商品价格基本上与 1988 年持平。

即便你常常关注价格，也很难发现通货膨胀。2017 年，英国国家统计局发布了一份报告，指出了购物清单中有 206 种商品的规格缩小了，但价格没有相应下降。以前一包鱼肠有 12 根，现在只有 10 根；一包茶叶以前装 80 个茶包，现在只装 75 个。最令人担忧的是，你原以为一包湿厕纸有 221 张，现在却惊讶地发现只有 200 张。经济学家称这种现象为**“缩水式通货膨胀”**。从经济学角度来看，这与涨价是一样的，你支付了相同的金额，但得到的东西更少，所以单位价格上涨了。当然，也并不是所有问题都出自这里。2016 年，亿滋国际零售公司试图缩小三角巧克力棒的尺寸，引发了巧克力爱好者的强烈反对。一年半后，这款巧克力棒又恢复到原来的大小。青蛙笑脸巧克力棒也逃不过缩水式通货膨胀。2020 年，澳大利亚消费者发现青蛙笑脸巧克力棒重量和大小都缩水了，但价格没变，因此抓狂不已。

永远存在的通货膨胀

1994 年 11 月，英国出现了一波热潮——彩票为每个人提供了成为百万富翁的机会，这只需 1 英镑。只要你不介意中奖率大约只有 1 400 万分之一。第一次开奖前，1 500 多万人购买了 3 500 多万张彩票，所有人都希望成为那个幸运儿。[8]

事实上，第一次开奖总共产生了 7 名幸运儿，他们分享了 5 874 778 英镑的奖金。这意味着每人拿走了大约 84 万英镑。1994 年，这是一大笔钱，可以购买近 5 000 个掌上游戏机，40 辆当年新款的丰田荣放 4，剩下的钱还能买一副流行的眼镜。或者说，可以购买超过 850 万包青蛙笑脸。然而，假如中奖者当时把奖金都存放在床底下的手提箱里，等到 2022 年 9 月再拿出来，[9] 他们可能会很失望。因为掌上游戏机很难再卖出去，手里的钱的购买力也差不多减半了。

自 1994 年以来，英国国家彩票开发了许多衍生产品和变化形式。其中之一——终生无忧（Set for Life）允许参与者支付一定金额后，连续 30 年每月赢得 10 000 英镑。2020 年 12 月 28 日，21 岁的詹姆斯·埃文斯（James Evans）可能正在期盼着新冠疫情结束。他肯定不知道，他会赢得这一终身大奖，即每月领取 10 000 英镑，直到 50 多岁。如果中奖了，詹姆斯的第一反应会是带全家去加拿大滑雪。按照目前的物价，这可能会让他花掉大约一个月的彩票奖金。然而，当詹姆斯 50 多岁时，同样的旅行可能需要花 2 倍的钱，或者他也可以选择把一半的家人留在家里——2051 年的 10 000 英镑可能就只够这些。

彩票不仅仅是一种现代现象，它有悠久的历史，其记载至少可以追溯到古希腊罗马时期。1567 年，英国第一次出现了彩票，这是女王伊丽莎白一世在征税以外筹集资金的另一种方式（有人可能会说，两者差别不大）。当时共发行了40万张彩票，每张彩票10先令[①]。一等奖是 5 000 英镑，此外有盘子、挂毯之类的奖品，还有起诉豁免权。在那个时代，5 000 英镑可以买到 1 000 匹马、4 000 头牛或约 120 万升的优质啤酒。但对 1994 年的彩票中奖者来说，5 000 英镑只是一笔零花钱。对 2021 年的詹姆斯·埃文斯来说，就只够用两周。事实上，如果你以今天的货币计算，要获得与 1560 年 5 000 英镑同等的购买力，需要 270 万英镑。

尽管我们未必能幸运地中奖，但上面的例子说明了通货膨胀对所有人的影响。随着价格上涨，你口袋里的钱的购买力在下降。在过去 30 年中，英国和大多数发达国家的平均通胀率约为 2%。这是一个相对温和的数字，但即使如此，30 年内现金的购买力也会下降约一半。

这些都意味着通胀率是一个高度敏感且容易引起大众不满的问题。除非你积极抵消通货膨胀的影响，否则它就有可能降低你的消费能力。以工资为例，你可能认为，在 2021 年的前 10 年里，英国工人的工资增长了 20% 以上，年增长率超过了 2%。乍一看，这是一个相当稳定的增长。如果一旦考虑通货膨胀，你很快就会意识到，这些钱的购买力几乎没有增加。因为通胀率与工资增长率相同。相比之下，日本工人过去十多年的平均工资增长率不到 1%。但在这段时间里，其通胀率基本为零。这意味着日本人的购买力实际上变得更高了。他们的工资上涨幅度虽然比较小，但人们的生活变得更好了。

---

① 英国旧制货币单位，1 英镑 =20 先令。先令于 1971 年被废除。

从以上分析来看，通货膨胀限定了我们的生活，对一系列长期决策都有影响，无论是储蓄、养老金、贷款，还是加薪幅度。这就是为什么青蛙笑脸会涨价。事实是，你购买的大多数东西都是如此。

骇人听闻的津巴布韦大通胀

如果 2008 年你在津巴布韦买了一份报纸，上面的头条新闻可能就是有关通胀率的，因为当时津巴布韦的通胀率真的很高。事实上，如果第二天你买了同一份报纸，头条很可能是一样的，但报纸的价格可能会翻倍。就在短短的 24 小时之内，津巴布韦的通胀率接近 80 000 000 000%。如果这还不够糟糕，想象一下这种情况日复一日都在发生，那会出现什么样的结果。津巴布韦人在一个周末经历的价格上涨，对大多数人来说可能一辈子才能达到。

津巴布韦并非唯一经历过令人不安的高通胀的国家。从 20 世纪 60 年代中期到 80 年代初，美国和世界其他国家都经历过一段所谓的“大通胀”（Great Inflation）时期。油价飙升、政府支出激增及央行宽松的政策等因素叠加，通胀率以每年两位数的速度上涨。通货膨胀频频出现在报纸头条上，也成为政治辩论的重要内容。以这种速度，每 5 ～ 7 年，物价就会翻倍，手中货币的购买力会减半。如果持续 30 年，手中货币的购买力就会下降到原来的 2%。

当然，80 000 000 000% 与两位数的通胀率不同。津巴布韦物价极速上涨的现象被称为恶性通货膨胀。通货膨胀在哪种情况下会演变成恶性通货膨胀，尚无明确定义，但如果你的日常开销以每周三位数的速度增长，那么你所经历的很有可能就是恶性通货膨胀。[10] 这种恶性通货膨胀曾在历史上反复出现。大多数人可能对 20 世纪 20 年代重创德国经济进而导致第二次世界大战的恶性通货膨胀有所耳闻。你也可能听过这个现象：人们推着装满现金的独轮车四处奔跑，试图在纸币变得毫无价值之前把它花光。除了德国之外，匈牙利、希腊、阿根廷、委内瑞拉和黎巴嫩后来都曾经历过恶性通货膨胀。据估计在 20 世纪，平均每两年世界上的某个地方就会出现一次恶性通货膨胀。

尽管恶性通货膨胀比较极端，但的确凸显了通胀率过高对经济的负作用。首先，高通胀使企业几乎无法正常经营。举一个实际的例子：报价。在通胀率低或者通胀率为零时，企业只需偶尔调整商品的价格。但在通胀率很高时，可能每天（即使不是每小时）都得调整商品的价格。这本身也是需要成本的，制作新的清单和花费的时间，加起来可能也是一笔不菲的开销。即使价格上涨相对稳定，这些清单成本也相当可观。一项针对美国超市的研究发现，清单成本相当于公司利润率的 1/3。[11]

对于不从事企业经营的人来说，高通胀也会对我们的资产产生负面影响。通货膨胀会降低你口袋里的货币的价值。所以，当通胀率较高时，人们往往会留下较少的现金，选择将钱投资到能带来更好回报的地方。只在需要时才取钱，人们持有的现金也会更少。但这也意味着他们可能要频繁地去银行取钱，也就是说，将资产转换为现金。这种成本被称为**“鞋底成本”**，意思是你走到银行再走回来，对鞋子造成了磨损。

此外，政府需要不断地印制钞票。当货币迅速贬值时，即使是高面额的钞票也会迅速贬值，变得毫无价值。2008 年，津巴布韦印刷新钞票的纸张用完了，但买不起更多的印钞纸，因为纸的价格超过了纸币的价值。新面值的纸币发行如此之快，以至于没有时间或能力印刷带有新水印的纸币。事实上，由于价格变化太快，旧纸币被用来重复使用。如果你拿起津巴布韦一张 2008 年发行的 250 亿的纸币，会发现这张纸币原本值 500。到 2009 年 1 月，津巴布韦最高面额的纸币已经是 100 万亿，更令人惊讶的是，它甚至连一张公共汽车票都买不到。

然而，与高通胀对整体经济的影响相比，企业、消费者和政府的日常经济问题显得微不足道。通货膨胀最大的负面影响可能是改变了人们对储蓄的看法。

通货膨胀可以被看作对持有现金进行征税。正如个人所得税可能占你每个月工资的一部分一样，通货膨胀也会分去你的一小部分消费能力。与此同时，通货膨胀降低了你的负债水平。设想一下，你从奶奶那里借了 100 英镑，并答应她会在 12 个月后还她 110 英镑，她向你收取了 10% 的利息。[12] 而当年的通胀率将达到 10%，所以你所还的钱可以买到与一年前的 100 英镑同样多的东西。但如果通胀率实际上是 20% 呢？虽然你还是欠 110 英镑，但就你在经济中必须放弃的东西而言，这一成本现在减少了，你的消费能力增强了。另一方面，可怜的奶奶现在虽然有 110 英镑，但用它能买到的东西实际上比预期的少了 10%，她的消费能力下降了。出现这种情况是因为我们的大部分负债都是按照经济学家所说的“名义价值”计算的。你欠奶奶或银行的债务是一个数字，如 100 英镑再加上奶奶或银行认为的合适的费用。这一数字不会以“实际价值”计算，即不管这 100 英镑在你偿还债务时实际上值多少钱。

通货膨胀降低了个人或企业负债的这种机制对整个经济产生了巨

大的影响，政府因此负债累累，于是他们可能故意制造通货膨胀来减轻债务负担。问题是，这同时降低了人们银行账户中的货币价值。债务降低是由通货膨胀带来的，这是对你的消费能力征收的税。出于同样的原因，通货膨胀往往会将消费能力从储户转移到借款人。因为我们年轻时更有可能成为借款人，年老时更有可能持有资产，这通常意味着消费能力从老年人身上转移到了年轻人身上。

高通胀的连锁反应

高通胀的代价很高，那为什么还存在呢？如果商品的价格持续下降，商品都变得更便宜，那不是更好吗？

如果你认为自己只是在买东西，没有做其他任何事情，那么这个论点是完全有道理的。但问题是，我们大多数人不仅是消费者，同时在经济中还扮演着许多角色。我们是雇主和员工、制造商和销售商。当你以不同的角色思考价格下降时，你就能明白为什么物价下跌与物价快速上涨一样糟糕，甚至更糟糕。

让我们看一看 20 世纪 30 年代的美国。1929 年华尔街崩盘后，美国进入经济萧条期，随之而来的是通货紧缩。之后一直到 1932 年，美国物价以每年 10% 的速度下跌，随之而来的最大问题是需求严重不足。人们损失了很多钱，所以可花的钱更少了。有钱人在经济崩溃后变得谨慎，所以他们捂紧了钱包。这意味着对各类产品的需求减少。企业的反应则是削减成本和薪水，希望能挽救急剧下降的利润。

这些削减措施产生的连锁反应是灾难性的，意味着工人的工资更低，或者根本没有工资。大萧条时期的失业率最高时超过了 25%。至关重要的是，那些工资较低或没有工资的工人也是你的企业或隔壁企业的客户。因此，由于削减收入，美国经济进入了一个恶性循环，这进一步降低了消费需求，导致企业进一步削减成本，以此类推。

一旦通货紧缩开始，它就会自我循环。如果你认为某样东西明天会降价 10%，那么推迟购买并尽可能节省开支是有意义的。对于你不常购买的高价商品尤其如此，如电视、冰箱和汽车。当这种消费者行为是一种短期现象时，如打折季，并不是一个大问题。但持续通货紧缩带来的问题是，人们会认为把消费推迟到明天总是有好处的。而且，与减薪的效果一样，推迟购买会导致今天的需求减少，这意味着物价会进一步下跌，推迟变得更有意义，因为你会省更多的钱。经济学家将这种自我强化的过程称为**“通缩螺旋”**。一旦一个经济体陷入这样的螺旋式通缩，就很难被拖出来。

通货紧缩也给负债的人带来了麻烦。正如我们在前面所提到的，通货膨胀虽然降低了货币的购买能力，但也降低了偿还债务所需资金的实际成本。如果 100 英镑的购买力越来越低，那么你两年前借的 100 英镑贷款就不成问题了。但通货紧缩的效应正好相反，你的实际债务成本会上升，不仅涉及生活成本，可能还包括你的工资，现在的 100 英镑比昨天的更有价值了。这使通货紧缩并不像听起来那么有吸引力。考虑到高通胀和高通缩的代价，经济学家普遍认为，最好的目标是幅度较低而稳定的物价上涨。理想的物价上涨幅度应该是，当发生冲击时，价格下跌的风险不大，但也不至于有陷入恶性通货膨胀的风险。通胀目标的确切标准有待讨论。许多高收入国家的目标是每年增长 2%。一些经济学家认为应该略高，如 3% 或 4%。但几乎所有人都同意，一旦通胀率达到 10%，负面影响就会变得特别严重，进入恶性通货膨胀的风险就会迅速加大。

通货膨胀的两种类型

2020 年初，许多人在那段时间最后一次理发。随着新冠疫情的到来，世界各地的理发店都关门了。因新冠疫情的持续，全世界人们的头发都越来越凌乱，许多人觉得新冠疫情结束后他们第一件要去做的事情就是理发，但不是让连剪刀都用得不熟练的室友帮自己理发，而是让专业理发师帮自己理发。

但当那些理发店于 2020 年中期重新开业时，英国的顾客感受到了冲击。鉴于健康风险，英国各地的理发店不得不购买新的安全设备，在接待每位顾客之后都要彻底地给设备消毒，并把顾客尽量地分开。这使他们可以在同一空间容纳的客户数量减少。这增加了成本。许多理发店选择转嫁这一成本，因此在之后的一年半里，理发价格上涨了 8% 以上。

尽管这种情况并不常见，但我们得以一窥通货膨胀产生的原因。在本质上，通货膨胀是由众多企业对其出售的商品不断提价造成的。在做出提价决定时，大多数企业可能不会考虑深层次的经济或理论问题。相反，他们会考虑所面临的成本，以及所销售的产品有多少需求。如果成本升高，价格也会升高。如果企业意识到需求上升，也可能诱使他们提高价格。

经济学家会用相似的逻辑划分通货膨胀的类型。一方面，有些通货膨胀，如与新冠疫情相关的防护设备因为成本增加而提高了价格，即**成本推动型通货膨胀**；另一方面，有些通货膨胀是因为供不应求导致价格提高，即**需求拉动型通货膨胀**。

我们分别来分析这两种不同的类型。成本推动型通货膨胀有 4 个主要驱动因素。第一个驱动因素是石油、天然气、钢铁等大宗商品的价格上涨。想一想石油价格。1973 年 10 月，主要来自中东的石油出口国集团欧佩克（OPEC）宣布对一些西方国家实施禁运。他们是在报复这些国家在当年的阿以战争中支持以色列。他们没有意识到的是，这一决定将是世界历史的转折点之一。在接下来的 5 个月里，石油价格上涨了 3 倍，直接导致了 20 世纪 70 年代的全球通货膨胀。

这是因为欧佩克这个决定的影响不仅仅限于石油。石油曾经（现在）被用于几乎所有物品的生产过程中，无论是作为能源、塑料等产品制造中的原材料，还是作为燃料。油价的上涨意味着其他东西的价格也会上涨。生产者有两种选择：他们可以保持价格不变，自己承担更高的成本；也可以转嫁额外的成本，保持利润大致不变，提高产品价格。如果他们选择第一种，那么自己的利润就会降低，甚至可能亏损。如果他们选择第二种，他们很可能看到产品需求的下降，因为更高的价格会让买家望而却步。实际上，生产者倾向于选择两者的结合。1974 年，全球消费价格上涨超过 14%。[13]

汇率变动是成本上升的第二个驱动因素。想象一下你去瑞士阿尔卑斯山旅行，下飞机后就买了一块瑞士巧克力。巧克力的价格是 10 瑞士法郎，大约相当于 8 英镑。虽然有点贵，但毕竟是在度假。当你享受了一周的新鲜空气、奶酪和动人的约德尔歌声，回到同一个机场，决定再买一块同样的巧克力时发现，价格是一样的，也是 10 瑞士法郎。但在你不知情的情况下，上周货币市场出现了波动，瑞士法郎与英镑相比贬值了 10%。因此，就英镑而言，那块巧克力现在只需 7.2 英镑。也许再去找家酒吧娱乐一下是个不错的主意。事实上，本书的作者之一在 2011 年 9 月就遇到了这种情况，当时他在瑞士度假，瑞士法郎在一天内贬值了近 10%。

通过这个例子，你可以看到，汇率的变化对通货膨胀有很大的影响，会增加进口的成本。2011 年的那一周，从德国进口牛奶的瑞士巧克力制造商发现，用瑞士法郎结算的成本忽然高出了 10%。在一个依赖加拿大木材、韩国电子元件和厄瓜多尔咖啡的国家，这些汇率波动累积的成本可能非常高。

第三个驱动因素是工资。成本推动型通货膨胀可能是由工资上涨引起的。然而，至关重要的是，工资上涨的原因可能不一样。如果工人加薪是因为他们的生产率在提高，这可能不会导致通货膨胀。假设你的工作是每小时制作 100 个小工具，可以获得 10 英镑的报酬，这意味着每个小工具的工资是 10 便士。但改进了技术后，你每小时可以制作 110 个小工具，所以你的老板会奖励你，把你的工资提高到每小时 11 英镑。但每个小工具的人工成本仍然是 10 便士，因此并没有产生额外的需要转嫁给消费者的成本。然而，如果工资上涨是因为公司不得不支付更多的工资，这将降低公司的盈利，并可能导致产品价格上涨。

成本推动型通货膨胀的第四个驱动因素是税收。以 2018 年为例，当时英国政府推出了一项新的糖税，这给可口可乐公司造成了困扰。与其他一些品牌选择重组配方以减少含糖量不同，可口可乐坚持己见，决定沿用原来的配方。但这意味着要提高每一罐可乐的价格。2011 年 1 月也出现过类似的但影响范围更广的事件，当时增值税的税率从 17.5% 升至 20%，这意味着在没有其他变化的情况下，一件曾经 25 英镑的 T 恤衫，价格会上涨 50 便士，这直接对通货膨胀产生了影响。从通货膨胀的数据可以看到，通胀率从 2010 年 12 月的约 3.5% 升至 2011 年 9 月的 5% 以上。经济学家估计，如果增值税没有上调，通胀率将不会那么高，只会维持在 4% 左右。

货币主义理论

当然，这些推动因素只是一方面。需求拉动也会导致通货膨胀，需求拉动指对商品的需求增长超过其供应能力。需求的增加可能是由一系列因素引起的，这些因素可能很简单，比如，因为人们对经济更有信心，想花更多的钱，凯恩斯称这种现象为“动物精神”，即那些推动消费者行为的公众情绪的波动。但是，无论是什么原因导致了潜在的需求增长，当需求超过了供应时，消费者就会推高价格。因为他们很想买到自己想要的商品，所以愿意花更多的钱。

需求拉动因素导致通货膨胀最为人所知的可能是货币供应的增

加。事实上，凯恩斯的对手米尔顿·弗里德曼甚至说，通货膨胀“在任何地方都是一种货币现象”。[14] 他的意思是，如果不增加流通中的货币量，那么货币量相对于商品数量就不会产生变化，商品价格永远不会上涨，至少不会持续上涨。对这一观点弗里德曼有确凿的证据。在 20 世纪五六十年代，弗里德曼和他的同事安娜·施瓦茨（Anna Schwartz）进行了一项统计分析，结果表明，随着货币供应量的增加，通货膨胀也会升高，这是有规律的。同样，随着货币供应量的增长放缓，物价上升也会放缓，甚至下跌。

这一观点支撑了货币主义理论。货币主义根植于一个相对没有争议的理念：支付的货币量必须等于生产、进口和消费的物品的价值总和。这里的价值是用商品数量乘以价格。在某种意义上，这只是简单的求和过程，但弗里德曼用货币数量论方程使这一过程成为理论。

以此为出发点，货币主义者认为，至少从长远来看，商品的生产数量是由一些基础的、影响缓慢的因素决定的，如劳动力的规模或技术的更新迭代。因此，流通中的货币量不会影响经济的实际规模，这一原则被称为**“货币的长期中性”**。

这意味着虽然增加了流通中的货币量，但实际的经济活动的数量不会增加。货币主义者认为这会不可避免地导致通货膨胀。流通中的每一英镑的价值都被稀释了，买卖的东西数量相同，但英镑数量变多了。

20 世纪七八十年代，货币主义在大多数西方国家成了一个越来越有影响力的学派，英国的撒切尔夫人、美国里根总统等政治家的经济观念都受此影响。这导致他们十分关注流通中的货币数量。弗里德曼主张货币数量应维持固定的增长率，认为这将维持稳定的通货膨胀。

货币主义者的观点与撒切尔夫人、里根总统等政治家的观点形成了鲜明的对比，后者大多赞同凯恩斯的观点。在第 10 章中，我们将了解到，凯恩斯主义者对经济管理采取了更为实用的方法，并倾向于将财政支出作为稳定经济的手段，而不是采用控制货币供应的方法。然而，在某些方面，这两个截然相反的阵营有很多共同点。双方都承认，从短期来看，流通中的货币量不会立即对通货膨胀产生影响，因此可以通过改变货币供应量来调整人们的工作欲望和消费意愿。不同的是，货币主义者会辩称，这些影响消失得很快，所以并不重要。最终，肯定会引发更高的通货膨胀。另外，凯恩斯主义者认为，改变货币供应量足以有效推动经济。但从长远来看，通货膨胀一定会出现，正如凯恩斯自己所说，“从长期来看我们都死了”。[15]

通货膨胀是如何产生的

货币主义者和凯恩斯主义者之间的经济拉锯战在 20 世纪下半叶仍在继续，并持续至今。但 20 世纪 90 年代初，二者的普遍共识已经偏离了纯粹的货币主义立场，这在很大程度上是因为几十年前被弗里德曼和施瓦茨证明了的货币数量、产量和通货膨胀之间的实际关系开始破裂。突然之间，更多的钱并不一定意味着更高的通货膨胀。

这是一个引人瞩目的变化，一方面由发达国家的一系列经济变化所引起，其中包括 20 世纪 80 年代银行和金融界发生的一系列翻天覆地的变化；另一方面是因为政策制定者开始关注货币本身，这可能改变了货币与通货膨胀之间的紧密联系，这一现象被称为“古德哈特定律”。但也许最有趣的是，人们花钱的方式发生了转变。即使流通中的货币量保持不变，但货币交换的速度——货币流通速度可能大幅波动。当同一张货币在一周内被 10 个不同的人使用时，购买的商品比同一货币只使用一次要多得多。货币主义者的一个基本假设是这种速度是相对稳定的，或者至少是可预测的。你按月领取工资，每周去一次商店，所以你的钱以平稳的速度流转。然而，20 世纪 80 年代以来的大量证据表明，货币流通速度会发生很大的变化，而且这些变化很难预测。这给这一假设添加了新的、难以预测的元素，也意味着货币流通量和通胀率之间的关系并不那么简单可靠。

20 世纪 90 年代以来，对通货膨胀的原因的争论再次出现，这一次是源于勒内·笛卡尔（René Descartes）的一句名言——我思故我在。[16] 这位伟大的哲学家谈论的是哲学，但他的观点也可以应用于通货膨胀的基本驱动因素之一上——经济学家称之为“通货膨胀预期”。这一理论认为，我们对通货膨胀的预期本身，是决定通货膨胀实际发生情况的一个重要因素。通货膨胀可能是一个自我实现的预言。

想象一下你正在申请加薪。如果你认为通胀率很高，你会要求大幅度加薪，以确保消费能力不会减弱。这意味着工资可能上涨更多，而工资上涨又可能造成更高的通货膨胀。通过通胀预期，你真的推高了通货膨胀。相反，如果你认为通胀率很低，那么可能只要求较小幅度的加薪。因此，整个经济的通胀率会较低。在金融市场上也可以看到同样的现象，因为人们会根据通货膨胀的预期确定贷款合同的条款。

通胀预期在决定物价实际变化方面的重要性已经一次又一次地得到了证明。因此，诸如英格兰银行的经济学家，他们的工作是保持通货膨胀较低且稳定，他们花了很多时间不仅研究经济活动中的人们在做什么，还研究人们在想什么。这也是为什么大多数国家都有明确的通胀目标。如果你相信政策制定者能够将通货膨胀保持在一个健康的范围，而且历史数据表明我们的确做到了，那么就会有比较明确的通胀预期。是不是很奇怪？人们通过相信通货膨胀可控来控制通货膨胀。

货币供给在多大程度上推动了通货膨胀

以上所有这些为青蛙笑脸巧克力棒的价格问题提供了不同的解答思路。也许这会让你在面对越来越贵的青蛙笑脸巧克力棒时，少一点不满，多一点理解。

你甚至可能会意识到，青蛙笑脸巧克力棒价格适度上涨是好事，因为适度通货膨胀可以防止陷入通缩螺旋。通货膨胀鼓励人们今天就消费，而不是等到明天，以促进经济增长。如果你是债务人，通货膨胀还会逐渐减轻你的债务。不过，这并不是说希望青蛙笑脸巧克力棒的价格快速上涨。如果它的价格在一年内翻一番或三番，加上货架上其他的产品价格上涨，其影响也可能是灾难性的，会导致企业几乎不能继续经营，消费者的利益也会受到损害。

青蛙笑脸巧克力棒价格上涨的原因也很重要。是因为可可的价格上涨，还是因为需求拉动——对巧克力的需求增加？在某些情况下，青蛙笑脸巧克力棒的价格上涨源于不断增长的成本，这迫使企业提高售价，并推高了总体物价水平。在另外一些情况下，通货膨胀源于需求的增加，当供应跟不上时，就会导致价格上涨。这一区别很重要：如果想将通货膨胀保持在一个健康的水平，你需要知道是什么因素导致了通货膨胀。在许多情况下，通货膨胀是这两个因素相结合引起的。

但围绕通货膨胀最令人担忧的争论在于，与其说它是好是坏，不如说它与货币的关系是好是坏。几十年来，人们一直在激烈地争论货币供给在多大程度上推动了通货膨胀。其中一个原因可能是，人们很难理解货币。这也是经济学家仍在努力理解的另一个领域，甚至在第一个货币体系诞生 5 000 年后仍然如此。我们下一步要探索的正是这个令人困惑但引人入胜的货币世界。

Can't We Just Print More Money?

07

钱到底是什么

货币的本质与价值

Can't We Just Print More Money?
要点前瞻

当你想到钱时，你会联想到什么？一张借记卡，一张钞票，或者你的手机？

那么牙齿呢？巧克力呢？鱼干呢？这些物品都曾一度被用作货币。是什么共同的特质使这些看似毫不相干的物品成为货币了呢？

货币的发展历史很复杂。在整个人类历史上，货币在不同的时期、不同的地方以不同的方式发展，因此试图梳理出其中的关系绝非易事。凯恩斯将他一生中研究货币起源的时期描述为“巴比伦式的疯狂时期”，因为这一时期他痴迷于研究中东古文明的铸币。

据记载，货币存在的时间几乎和文明存在的时间一样长。大约5000 年前，在古代美索不达米亚地区，围绕粮食的储存发展起了最初的债务体系。工人们把他们得到的粮食存放在寺庙里或被称为粮食银行的仓库里。他们会将自己拥有多少粮食记录在石碑上，这是最初的账本。然后，可以把这些粮食借给别人或与他人交换，交换时不必真的把粮食搬到别人那里进行交易。这种账本成了记录债务的一种方式。

如果你对此感到很熟悉，那就对了。同样的方式——记录余额和转账金额是现代银行账户体系的基础。在这个关于货币起源的故事中，货币实际上是一种记忆的载体：记录谁欠谁什么。

几千年来，贵金属曾被用作支付工具。古埃及人会在交换物品时使用一定重量的金条。在青铜时代的英国，黄金经常被用来装饰华丽的珠宝，一些人认为这也是一种支付工具。但交换非标准化的金属是有成本的，你怎么知道它值多少钱？可以肯定的是，你需要称一下这些黄金或白银，以确定它们的价值。如果你总去商店称，那就太不方便了。解决方案是什么？铸币。将贵金属铸造成一定的尺寸和形状，然后刻印上官方的标记，让人们知道它是可信的。这一创新可以追溯到公元前 700 年左右的古吕底亚人，他们实践了这个想法。在大英博物馆，你可以看到一枚公元前 6 世纪由吕底亚国王克罗伊索斯制造的硬币，上面印着一头狮子和一头公牛。1 000 多年后，第一张纸币在中国出现。

然而，货币的形式并不局限于此，以雅普的石币为例。这些巨石是太平洋上雅普岛的居民必须穿越一段危险的水域才能开采到的。然

后，他们还得带着这些石头经历重重危险返回雅普。一块石头的价值不仅取决于它的大小，还取决于人们为了获取它所承担的风险。如果没有人在开采过程中丧生，那是非常幸运的。因此，巨石被视为非常有价值的物品。与古代美索不达米亚地区的粮仓类似，雅普最终演变出一套关于石头主人的记账系统，且不必真的交换石头。一些石头甚至在航行中掉进了水里，但在海底依然可以保留它们的价值，因为岛民知道并已经记录了主人是谁。这种有价值但笨重的物品被更高效、更容易携带的货币形式所取代的情况曾在历史上反复出现。

这表明，无论何时，只要有一群人需要交易，货币就会以这样或那样的形式出现。由于人类历史的多样性，曾经有许多奇怪的物品被用作货币。战俘们建立了以香烟为货币的系统。鲭鱼在 21 世纪初成为美国某些监狱的货币。在中世纪的俄罗斯，松鼠皮是一种常见的货币，事实上，松鼠皮很常见，其鼻子、爪子和耳朵甚至还被当作零钱。你肯定想知道这些东西到底有什么共同点，是什么原因使它们成为货币呢？

货币的3个判定功能

对于货币这么重要的东西，令人惊讶的是，并没有一个被普遍认同的定义。大多数经济学家会说，要想成为适宜的货币，必须具备 3 个功能，这 3 个功能是亚当·斯密在 250 年前首次提出的。

第一个功能是最明显的。某种东西要成为货币，首先必须能用来支付。经济学家称这种功能为流通手段功能。这意味着你可以用货币来换取商品，而其他人会接受这些货币，因为他们将来可以用这些货币交换其他东西。这与物物交换不同，物物交换是指你给某人他想要的东西，以换取你想要的东西。即我用鸡肉换你的谷物，这样我就可以用谷物来做面包。货币则是我可以把鸡肉换成石头，然后用这些石头和其他人交换谷物。

第二个功能是保值，以维持你的消费能力。你需要知道，如果今天你从别人那里换到了货币，当明天用这些货币购物时，你可以不必担心。经济学家称这种功能为**贮藏手段功能**。设想一下，如果用香蕉作为货币，本周你可以得到 10 根香蕉的报酬，并且相信如果明天花掉它们，它们的价值也相等。但是，如果你想攒下一些香蕉来支付 6 个月后的度假费用呢？太阳海岸的服务员可能不会接受你用攒下来的香蕉来支付桑格里亚酒，因为香蕉无法保值。但这并没有妨碍某些食物在历史上的不同时期被用作货币，通常当作货币的食物储存时间会略长。在古代，许多地方都用盐作为货币。直到第二次世界大战时，中国的部分地区还在使用茶砖作为货币。甚至在 2009 年，意大利部分地区还可以用巨大的帕尔马干酪作为抵押向银行贷款。

这种能长时间保值的功能在一定程度上是货币有用的原因，这有助于解决经济中的一个基本问题，即经济学家所说的“双重需求巧合”。如果没有某种形式的货币，你就必须找到一个正好想要你的东西的人，并且同时你也想要他们的东西。即使在一个小型的社会中，这也是极难实现的。虽然你可能喜欢阅读幽默而内容丰富的经济书籍，但并不奇怪的是，它并不适合所有人。如果你们当地的加油站老板对这些书籍不感兴趣，你就很难用书籍来加油。货币解决了这个问题，可以把我们生产的东西换成货币，然后一直持有，直到有了想购买的东西。无论从谁那里购买，他们都会接受，这与他们是否想要我们最初生产的东西毫无关系。

货币的第三个功能是记账。经济学家称这种功能为**价值尺度功能**，即商品的价格通常可以以货币单位表示。一根香蕉多少钱？ 1 英镑。一辆车呢？ 5 000 英镑。我们都了解汽车和香蕉值多少英镑。有一个统一的记账单位节约了很多时间。如果没有它，某样东西的价格就得以其他东西来表示，物物交换中通常就采用这种方式。但物物交换中没有货币，只是在互相交换物品。在一个简单的社会中，一个人做面包，一个人酿造啤酒，一个人卖肉，物物交换可能不是问题。在这种情况下，要完成交易只需知道多少品脱（1 品脱 ≈ 568 毫升）啤酒等于一条面包，多少克肉等于一品脱啤酒，多少克肉等于一条面包。但是，这种方法很难推广。一家超市大约有 15 万件商品。如果没有货币，你需要知道大约 110 亿个价格才能比较这些商品的价值。鸡蛋的价格以牛奶计，牛奶的价格以面包计，面包的价格以鸡蛋计，等等。有了货币，价格就降到了 15 万种：一种东西一个价格。

货币的这 3 种功能并不是完全独立的。如果人们不确定某种东西在未来能否保值，就不太可能接受它作为支付工具。因此，如果某种东西是一种糟糕的价值存储媒介，那么它就很难成为交换媒介。相反，如果你不确定人们明天能否接受某些东西作为支付工具，那么它肯定很难成为较好的价值存储媒介。如果人们都在用某种东西进行支付，那么用它来设定价格才是有意义的。所以，通用的交换媒介通常会成为主要的记账单位。

然而，这 3 种功能并没有完全触及货币的本质。货币的本质是信用。货币之所以有效，是因为在社会中，我们都认为它有价值。你整天努力工作，接受货币作为报酬，因为你知道你们当地的店主也会接受它。他们会接受，因为他们知道别人也会接受。货币之所以有效，是因为我们相信它有效。

货币的承诺

2021 年，计算机科学之父艾伦·图灵（Alan Turing）成为英国纸币上的新面孔。他成了英国历史上的名人之一，其他的名人还有温斯顿·丘吉尔、简·奥斯汀、弗洛伦斯·南丁格尔及亚当·斯密。尽管这些年来英国纸币上的人物图像发生了变化，但自 1694 年以来，英国纸币上都有一句话：我承诺按需向持票人支付 X（相应面值）英镑。

这个承诺到底意味着什么？在过去 300 多年中的大部分时间里，这是一个用黄金代表纸币价值的承诺。你可以到英格兰银行索取属于你的黄金。这种建立在实物支持基础上的货币，被称为商品货币或代币。其中的商品可以是任何东西，但令人惊讶的是，直到最近，南美洲还在用可可作为货币，即商品的价格以可可豆为单位。许多地区选择贵金属如金或银作为货币，因为它们耐磨。因此，金或银是一种持久的价值存储媒介，并以其精美而闻名。

然而，除了人们觉得它值钱以外，黄金本身并没有什么价值。如果生化危机来临，你希望手里拿着的是食物或一把大钢刀，还是一根金条？黄金之所以有很高的价值，是因为人们相信它是有价值的。都铎王朝的政治家托马斯·莫尔（Thomas More）在他的代表作《乌托邦》中讽刺了这一现象，该书描述了一个新世界，那里的人们意识到黄金并不是特别有用，所以用它来制作马桶。谈到货币时，黄金本身的作用并不重要，只要人们继续承认它的价值。

可以将货币兑换成黄金的体系称为金本位体系。19 世纪，英国及其许多殖民地同意以特定的汇率用货币兑换黄金。到 19 世纪末，这种情况已经扩展到世界上的许多国家，各国都将货币兑换黄金的汇率固定下来。这一体系意味着货币实际上是由黄金支撑的，各国必须持有足够的黄金才能支撑其对货币的需求，这限制了货币发行的数量。

世界上大多数国家和地区在第一次世界大战中不再使用金本位体系，但战争结束后又恢复了这一体系。在第二次世界大战结束后，一种新的全球金本位体系发展起来，以美元为基础。美国政府承诺以固定汇率将美元兑换成黄金，其他国家同意把各自货币兑换美元的汇率固定下来，所以实际上这是各国将其货币与固定的黄金价格相挂钩。这意味着各国都需要有美元储备来支持这个承诺。因此，美元而不是黄金的跨境流动，平衡了不同经济体之间的需求差异。

金本位的拥护者认为，黄金为货币价值提供了一个“锚”。胡佛总统在 1933 年发表讲话时说：“我们持有黄金是因为我们不信任政府。”[1] 他的意思是，如果没有黄金作为货币的后盾，政府将倾向于不断增加货币供应，最终导致通货膨胀和货币贬值。黄金是一种约束工具，因为政府只有在能够获得额外的黄金储备作为支撑的情况下才能增加货币供应。

然而，看过邦德系列电影之一《007 之金手指》的人都知道这个系统有一些漏洞。在这部电影中，邪恶的黄金交易商“金手指”试图用辐射损毁美国的黄金，使其无法使用。他的目标是减少黄金供应，从而提高自己持有的黄金的价值。幸运的是，他被 007 和邦女郎格劳尔挫败了。虽然这有点牵强附会，但这部电影确实指出了困扰金本位体系的主要问题之一。黄金需求和供应的变化将影响其价格。这在很大程度上超出了政策制定者的控制范围，致使其在经济衰退或经济繁荣时无法做出调整以稳定物价。最终，由于漏洞越来越明显，金本位体系崩溃了。英国首先于 1931 年脱离金本位体系。之后，在 1971 年，美国总统尼克松宣布美元和黄金直接挂钩的时代正式结束。

金本位体系结束以来，英国纸币上的“向持票人支付 X（相应面值）英镑”的承诺变得有点模糊了。这不再是一个换取黄金的承诺，而是换取更多纸币的承诺。虽然没有什么东西比黄金更能支撑纸币的价值，但脱离金本位还是有很多好处的。首先，政府可以随着经济需求的变化改变货币供应，这使整体物价水平更加稳定；其次，纸币更有效率。一直以来，人们手里的货币都是由具有内在价值的东西来衡量的，也就是说，人们在意的东西并不是货币本身。但人们无法直接用支撑货币的东西来进行交易。比如，用来衡量货币的黄金不能直接用来购买珠宝或者计算机芯片，所以最好使用一些本身没有价值的东西来替代。

我们把这种没有内在价值的货币称为**法定货币**，该词在拉丁语中的意思是“顺其自然”。这或许体现了货币的内涵。在现实生活中，法定货币通常指政府发行的货币。有一种关于货币价值来源的经济学理论认为，货币的来源与国家允许或要求你用某种形式的货币纳税有关，这意味着人们对这种货币有了现实且稳定的需求。每个人都必须纳税，因此，如果税款是用某种货币支付的，那么人们也愿意接受这种货币，因为他们知道政府最终也会接受它。

货币的3种形式

那么，如果国家可以发行货币，是否意味着是国家在创造货币？然而，事情并没有那么简单。从广义上讲，大多数现代国家都有 3 种货币形式，但大多都不是由国家直接发行的。

第一种货币形式是央行印制的银行票据。[2] 这些票据确实代表着国家的权力。“向持票人付 X（相应面值）英镑”的承诺代表对国家资产的所有权，即使你所要的只是更多的票据。一个国家中的任何人都可以持有这种票据。票据在人与人之间传递，并在传递过程中交换所有权。

第二种货币形式大多数人在日常生活中不会使用。它是银行用来相互支付的资金。它们由央行的账户持有，就像你我在银行的存款一样。这些钱被称为储备金，或者狭义货币。就像纸币一样，它直接代表着央行的权力，也隐含着国家的权力，只能由少数能够在英格兰银行等央行开立账户的银行和金融公司所有，主要用途是让银行在每天业务结束时相互清偿债务，这一内容我们将在下一章中探讨。

第三种货币是常见的货币形式，即我们每天都需要的货币。这些货币是我们银行账户中存款的实物形式。它们占货币供应量的 79%，占公众使用货币的 96%。但是，令人震惊的是，这种形式的货币根本不对应国家权力。这只是一种公司欠条。当然，它是一种非常特殊的公司——银行。我们也许对银行存款非常熟悉，但从未想过口袋里的钞票和银行账户上的数字之间的区别，实际上它们并不相同。

这是现代经济学关于货币的核心要领之一。我们每天使用的大部分货币都不是由英格兰银行或其同行（如美联储或欧洲央行）创造的。这些央行确实创造了货币，以储备的形式向银行系统提供电子货币。然而，经济体系中的大多数货币不是英格兰银行，而是商业银行创造的。但商业银行不需要印制这些货币，只需要把它们记录在某个电子表格上。

为什么会这样？如果你只看过旧的经济学教科书，可能认为银行的业务只是从储户那里吸收存款，然后把钱贷给借款人。这是情有可原的。这种对银行体系的认识被称为“可贷资金模式”。在很长一段时间里，它是经济理论的基础。它很容易建模，而且很直观。但是，它并没有体现现代货币的许多关键特征。

在可贷资金模式中，银行从储户处吸收存款，然后找到分配这些存款的途径。银行只是中间人。但其中可能有一点顺序上的错误：银行实际上不需要真的使用这些存款来发放贷款，他们只需将钱添加到你的账户中即可。这在技术上只比在 Excel 表格中输入一些额外的零稍微难一点点。

银行之所以能做到这一点，是因为在他们的账簿里，有一张来自你的、以贷款形式存在的欠条，所以两边平衡了。用技术术语来说，资产和负债都相应的增长。同时，你的账户中出现了 5 秒前还不存在的钱。每当银行发放贷款，或者你使用信用卡或获得商业贷款时，都会出现这种情况。

反之亦然。当你偿还贷款时，情况正好相反。银行取消了你的债务，但也减少了你的账户余额，所以系统中的钱变少了。通过偿还债务，你“消灭”了钱。

那么，是什么因素阻止了银行创造无限量的货币呢？首先，他们自己限制了自己。银行希望能够赢利，这也就限制了他们创造的货币数量。银行只会以他们认为能够让自己赢利的方式来发放贷款，并且需要找到愿意按照银行的条件承担这笔债务的借款方，因为银行不能强迫你贷款。当银行不再发放贷款时，货币创造就停止了。

这种货币创造过程是经济活动中不可或缺的一部分。因此，政策制定者不会把货币创造完全交给银行。银行会受到严格监管，获得营业执照的条件之一，就是不要做超过自身能力和资源范围以外的事情。英格兰银行的主要任务之一是监管商业银行将多少货币投入流通，并确保其只能以安全和可持续的方式进行流通。政策制定者还可以利用其他杠杆来限制流通中的货币数量。例如，央行可以通过调整利率来影响每个家庭和公司的借贷数额。我们将在下文中了解更多关于英格兰银行使用的这两种杠杆。

为什么你不能制造货币

读者中具有创新理念的人现在可能在想，如果银行只是在毫无根据地创造货币，为什么我不能参与呢？事实是，任何人都可以。没人能阻止你拿到一张纸、一块石头或编写一些计算机代码，然后说“这就是钱”，并试图用它来进行支付。美国经济学家海曼・明斯基（Hyman Minsky）曾说：“任何人都可以创造货币，问题是如何让它被接受。”[3]

2008 年，一位化名中本聪（Satoshi Nakamoto）的计算机科学家发表了一篇题为《比特币：一种点对点式的电子现金系统》的论文。[4] 中本聪的梦想是发明一种完全独立于权威中心——央行、政府甚至商

业银行的新货币形式。对这种新货币的信任来自被称为区块链的基础技术，即人与人之间的交易将基于计算机代码进行的集体验证。除了为用户提供一种匿名的形式，货币的总体供应量在一开始就被确定下来，并被写入代码。任何政府、央行或商业银行都不能凭空创造更多的货币来满足自己的需求。基础代码显示，这种比特币的供应量增加将持续到 2041 年，届时，总货币量将达到 2 100 万比特币，之后就不会再增加了。

2009 年初，中本聪把此想法付诸实践，比特币诞生了。时机无可挑剔，在 2007—2008 年全球金融危机摧毁人们对银行和社会现状的信心之际，比特币提供了一个替代方案。比特币的第一部分代码引用了 2009 年 1 月《泰晤士报》的一个标题，称“财政大臣即将对银行进行第二次救助”，以强调其宗旨。[5]

现在，10 多年过去了，比特币已经踏上了一段非凡的旅程。它的价格飙升，然后暴跌；飙升，然后崩溃，如此反复很多次。它已经从极客之间的小众话题转变为世界各地的主流话题，成了科技领域亿万富翁和政客们在推特上的谈论焦点，并在社交新闻网站 Reddit 上出现了比猫和孩子的视频更多的帖子。[6]

中本聪无疑创造了一种吸引公众的事物，它具有广泛的吸引力。但事实上，他创造了一种新的货币形式吗？对大多数经济学家来说，答案可能还不是，至少比特币目前的形式不是。要理解为什么，我们必须回到货币的功能和意义，以及 250 年前亚当·斯密的论述上来。

首先，因为价格波动。比特币的波动性是大多数货币汇率的 10 倍。价格的巨大波动使一些人变得非常富有。但是，如果有人欠你

100 英镑，给你一张明天可能值 200 英镑或 10 便士的纸，你会接受吗？赌博可以，但过日子不行，你很难据此安排你的日常开支。这意味着比特币无法作为一种价值尺度媒介，它的价值波动太大了。

其次，很少有人用比特币定价，所以比特币不是记账单位，至少在互联网之外不是。一些商店可能会接受顾客用比特币买东西，但他们也会研究比特币与现有法定货币的汇率。他们还是会把比特币兑换成英镑或美元。但大多数人并不想在逛街时还想着全球货币市场。在萨尔瓦多，比特币在 2021 年成为官方认可的货币，在商品标签上与美元并列，但是事实证明，美元是一种更稳定的价值储存的媒介。

最后，比特币是一种相当糟糕的流通媒介。这在一定程度上是因为上面两点：人们怎么会使用一种价值波动剧烈、并非所有地方都接受的货币进行买卖呢？除此以外，也因为现实的局限性。比特币的交易速度比传统货币慢得多，该系统一直难以维持全球支付系统所需的交易量。再加上其设计中巨大的能源成本和环境影响——为了“挖掘”新的比特币，数百万台计算机服务器必须使用巨大的电量处理数十亿个数据。综合而言，比特币并不是一种理想的货币。

比特币还有另一个困境，这个困境也正是它对包括中本聪在内的许多人来说如此特别的原因之一。比特币的固定供应量意味着它类似于金本位体系，只是没有实物黄金。这种货币对未来印钞机的限制来自计算机代码。但是，正如历史上的金本位体系所展示的情况一样，如此僵化的供应使我们无法对需求的变化做出反应。它可能导致物价（通货膨胀）的显著波动。比特币无疑是一项引人入胜的技术，让很多人赚了很多钱，但大多数经济学家认为它本身不是货币。

对货币的信任让货币有价值

比特币是一个引人注目的新尝试，证明在没有国家支持的情况下，创造“私立”货币十分困难。19 世纪初，美国有几十家“自由银行”，它们都创造了自己的货币。在 1830 年美国流通的纸币中，90% 以上是银行私自发行的。但最后证明，私自发行的货币效率十分低下。人们不信任来自非当地银行的纸币，这些纸币跨区域使用很困难，旅行花费也很不方便。因此，这些货币只能统一为唯一的、由国家发行的纸币。

这种现象反复出现过。例如，英国各地都有当地货币，从布里斯托尔到布里克斯顿都有。这些货币旨在使资金留在当地，并促进当地的消费。然而，这些货币都不太受欢迎，除了给人们一些新奇感。因为我们生活在一个不那么本地化的世界里，这些货币并不能作为很好的流通媒介。如果你所有的支出都在当地完成，那没什么问题。但是，想象一下，你是一个布里斯托尔熟食店的老板，从坎伯兰购买香肠，从诺福克购买火鸡，从高地购买牛肉，你的供应商不会接受布里斯托尔纸币，因为它们不能在自己的地区使用，所以你也不会接受自己的顾客用它来付款。

即使有国家的支持，地区发行的货币有时候也很难获得维持正常运转所需的信任。苏格兰纸币并不是英格兰银行的法定货币，它们是私立银行发行的，与 19 世纪美国各银行发行的纸币类似。所以，它们必须与英格兰银行的法定货币一对一地进行汇兑。为了实现这一点，该银行的金库中存有名为泰坦和提坦的纸币，每张价值分别为 100 万英镑和 1 亿英镑。这意味着，如果持有苏格兰纸币的人想将其兑换成英国的英镑，他们可以完全信任发行纸币的银行有资金来兑现这一承诺。然而，任何一个在英国其他地区旅行的苏格兰人都可能告诉你，英国其他地区在接受苏格兰纸币时多少有些怀疑和犹豫。尽管理论上这些纸币比你银行账户中的存款更能得到英国政府的支持，但人们仍然对它们不够信任。

这表明，对于货币的信任是重要而复杂的。货币最终表现的是一种相互认可的信用体系。几个世纪以来，人们一直在以各种方式增强这种信任，如利用贵金属和商品的内在价值，国家的资源和权力，甚至具有理性逻辑的计算机代码。这些方式时而有效，时而无效。但在所有情况下，货币体系的目标，无论是明确的还是隐含的，都是在强化人们的信念，即认为货币确实有价值。

数字货币带来的变化

以上所述让我们清楚地了解了货币的本质。但不要想当然地认为货币形式会一成不变。如果货币的发展历史对我们有什么启示的话，就在于货币不断地在适应周围的世界和社会。如果你在几年后再读这本书，货币的形式可能早已发生了变化。

以数字世界对货币产生的影响为例。我们身处一个高度数字化的社会，交易中使用实物货币的比例持续下降。这一趋势在 2020—2023 年得以加速，越来越多的人使用非接触式支付和在线购物，以尽量减少与他人的社交和身体接触。在撰写本书时，英国的现金使用量在过去 10 年内下降了 70%，而在过去 3 年中又下降了约一半。这给英格兰银行等央行提出了一个问题：央行也会加入数字货币的行列吗?

直到 2015 年左右，英格兰银行的员工才有一项福利：可以选择在英格兰银行开立账户。他们有幸能在央行存款，也有幸拥有了 10-00-00 的账户代码。大多数人在账户中只存了少量的钱，但这既是一种荣誉，也是一种务实的决定，因为他们通常可以在商业银行获得更好的资金回报。如果银行系统的安全性值得信任，那收费的账户可能更可靠一些。

遗憾的是，这项福利现在已经没有了。最后一个英格兰银行员工账户已于 2017 年被注销。然而，现在，这种账户的变体再次出现。20 年来的技术发展使现在的英国央行为员工乃至公民设立账户是可行的。这就是央行行长所说的央行数字货币的本质，也是国家对大多数人负债的一种方式，但要以数字的形式，不必持有大量货币或依赖银行的存款单。

这个想法还处于早期阶段，但可能代表着几个世纪以来货币形式的最大变化。也许，最大的变化是央行也会支付利息。米尔顿·弗里德曼等众多经济学家指出，持有纸币会导致其价值降低，因为纸币不产生利息。在下一章，我们将讲述商业银行的优势之一——它们确实会支付利息。当你把钱放在商业银行，除去本金之外，你还能得到利息。如果你只有现金，就不会产生利息。当你的财产形式只有现金时，你的财富其实正在贬值。

这带来了有趣的经济现象：由于物价不断上涨，人们试图减少持有的现金，以减少损失。在一个不对纸币支付利息的社会里，弗里德曼的解决方案是将通胀率降低到零，与现金获得的利息一样。

然而，由于过去几十年的技术进步，现在我们有了可以支付利息的数字货币。央行数字货币可以将纸币的特征与支付利息的能力结合在一起，比如，可以是对央行的直接债权，而不是作为私企的债权人；也可以支付利息，类似于商业银行存款利息。利息高低可以由央行直接设定，这意味着拥有英格兰银行账户且存款的人可以获得现金所没有的利息。这将降低持有现金的成本，并意味着人们可以获得更高的资金回报。

央行数字货币将带来另一个重大变化，即不必在商业银行开设账户，央行能直接提供账户服务。我们中的大多数人的资产表现为银行账户中的数字货币。数字货币可以让我们直接进行数字支付，如在线购买东西，将钱从一个账户转移到另一个账户，而实物货币并没有这样的功能。然而，在目前的经济体系中，数字支付只能用商业银行创造的货币进行，因此人们别无选择，只能远离国家支持的法定货币。监管机构和政府为银行存款提供的担保使这些数字货币非常安全。在下一章中我们将了解到，一些人可能仍然觉得银行的风险比他们愿意承担的风险要大，他们更希望数字货币直接获得国家的支持，央行的数字货币可以满足他们的这一需求。

旧的货币形式将面临什么

当然，大变革总是伴随着风险，在数字货币普及之前，经济学家必须解决的主要风险之一是旧的货币形式将面临什么。如果每个人都使用央行数字货币，而没有人再在商业银行存款，那么银行业会出现哪些问题？这正是我们将在下一章中探讨的，商业银行在保持经济平稳运行方面也发挥着至关重要的作用。

风险是否大于收益，人们是否想持有央行的数字货币，这些都还有待观察。但货币形式总是会随着时代的发展而变化，而且还会继续变化。货币形式的变化满足了其所服务的社会的需求和人们的欲望。如果人们对央行的数字货币有需求，那就顺水推舟。也许不久之后，针线街的员工们将拿回他们以前的内部账户，其他人也是如此，你也可以使用代码为 10-00-00 的账户。

那么，货币到底是什么？可以从几个角度来回答这个问题。在某种程度上，货币可以是我们认可的任何东西，包括金币、钞票、珍贵的岩石、牙齿、香烟、鲭鱼。只要每个人都认可某个东西是货币，那么它就是货币。

然而，在现实中，有些东西比其他东西更适合成为货币。因此，在某个层面上，货币需要具备 3 个核心功能，这是亚当·斯密在 18 世纪首次提出的，即货币必须是一种流通手段，必须保有现在和未来的价值，必须具有价值尺度。这些功能意味着硬币比鲭鱼更适合作为货币。

在现代社会，这个问题的答案变得更复杂。令人惊讶的是，货币大多是商业银行开具的欠条，而不是对国家的债权或兑换黄金的承诺。我们的大部分资产以银行存款的形式存在，这无非是银行凭空做出的偿还我们债务的承诺。然而，对货币的信任仍然存在，因为国家在监管和监督货币创造，以确保其可信。

在本质上，货币是一种信用体系。它之所以有效，是因为每个人都认可它。我相信这张 5 英镑的钞票值 5 英镑，你也是。谁来维护这种信任？首先是英格兰银行和其他央行。另外，其他银行及一些机构在维护信任方面也至关重要，同时它们也担负着创造经济和日常生活所需货币的责任。

但这并不是银行的全部。银行在现代经济中还扮演着其他重要角色。在这些角色中，银行也带来了经济脆弱性的巨大隐忧。要了解经济是如何运作的（有时甚至会停止运作），我们需要了解银行系统。

Can't We Just Print More Money?

08

为什么不能把钱都藏在床垫里

银行是如何运作的

Can't We Just Print More Money?

要点前瞻

2009 年，为了给母亲惊喜，一名以色列妇女决定给母亲买一张新床垫。对于腰背部疼痛的母亲来说，这是一份贴心的礼物。在特拉维夫，女儿高兴地给母亲换上了这款全新的舒适床垫，旧床垫被扔掉了。

不幸的是，这反而让她母亲痛心疾首。原来她一直坚持用这张旧床垫是有原因的。因为里面放着 100 万美元的现金，这是她的毕生积蓄。在接下来的一周时间里，女儿在特拉维夫四处寻找旧床垫和现金，但无济于事。[1] 钱丢了。

尽管丢失数百万美元现金的事情可能十分罕见，但人们以这种方式囤积现金的例子很常见。我们的很多年长的亲戚，他们在厨房或卧室的抽屉里存放着大量现金。当然，这远远超过了他们的日常花销。

为什么这种囤积现金的行为如此普遍？答案也许是，这是一种非常正常的人类本能，尤其是在经济动荡时期。2020 年，在新冠疫情开始时，许多人像囤积卫生纸一样囤积现金。根据英格兰银行的一项调查，在2020年，近1/10的人开始囤积现金以预防不测。[2]历史上，这也不是第一次出现这样的状况。2020年，在英国萨福克郡发现了1 069枚银币。考古学家推测，这是17世纪英国内战期间被秘密藏起来的。[3]这种囤积现金的行为往往源于对银行的不信任。可能因为对银行失去了信任，这位以色列妇女在2007—2008年全球金融危机后一直在囤积现金。她并不是唯一这样做的人。在2018年舆观网的一项调查中，2/3的人表示他们不信任银行。[4]

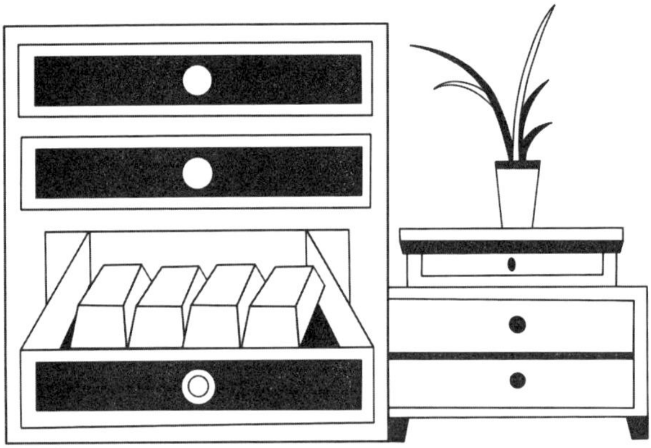

那么，为什么不能把钱藏在床垫下面（或里面）呢？最现实的答案是为了避免那位以色列女性的遭遇，而银行可以保护你的资金安全。但这并不是把钱存入银行的全部原因。当你把钱存入银行时，这对你和其他人都有利。银行可以让你的资金在经济活动中自由地流动，还会付给你利息；在整个经济层面上，银行能确保资金得到有效的利用。人们对银行有一些怀疑是可以理解的，因为的确有很多对于银行的争议，但银行有各种措施可以确保你的资金安全。

简言之，银行对每个人都有好处。它不仅仅是一个存钱的地方，而且对全球经济的运行至关重要。

银行的起源

公元前 2000 年左右，一些有经济头脑的巴比伦祭司发现了一个商机。在崇拜他们的几千位神的同时，他们开始有偿储存人们的黄金，通常是从储存的黄金中提取小部分作为保管费。在大多数情况下，这些黄金会在寺庙的地下室里闲置很长一段时间，与众神的雕像一起积满了灰，直到黄金所有者想要拿回去。随着时间的推移，这个黄金储存机制发生了微妙的变化。到公元前 18 世纪，祭司们开始将他们保管的黄金借给其他需要的人。毕竟，大多数储存者并不总是需要黄金，所以为什么不借给他人使用呢？这些精通商业的祭司可能没有意识到，他们创造了可能是现在世界上最重要的业务。这些寺庙可以说是世界上最早的银行。

这一做法很快就流行起来。慢慢地，祭司成为希腊部分地区及后来的罗马帝国重要的经济人物。很快，人们不再只是把黄金储存在寺庙里，而是建造了专门用于储存和放贷的建筑，这是今天银行的前身。这个早期的金融世界蓬勃发展，直到罗马帝国崩溃，银行关门歇业。但银行业的基本模型已经确立。

这种银行经过近千年后才重新出现。在 12 和 13 世纪，意大利伦巴第的街道上开始出现货币兑换商。他们通常借助一个小木凳（banca）来操作业务，并由此闻名。这就是“银行”（bank）一词的由来。“破产”（bankruptcy）一词有着相似的起源。当放债人的钱用完时，一些长椅会被摔成两半，他们不得不停止营业。于是他们会宣布这是一个烂板凳（banca rotta）。

最初，这些货币交易商向想借钱购买粮食的农民提供贷款。然而，这也是有风险的，因为部分农民可能无法偿还贷款，所以放贷人要求农民给他们一些粮食（即利息）作为补偿。除了放贷，货币交易商也开始为客户存款。这些存款起初是为了防止农产品歉收而出现欠债，但通常也被货币交易商用来交易。

很快，这种业务变得更加复杂。到了 15 世纪，银行已经成为人们可以专门存款的地方，存款的方式是用一张标有存款金额的票据作为证据。这基本上是一张“汇票”，我们现在称其为银行票据。这种业务不再局限于意大利。到 17 世纪，英国有巴克莱银行，德国有贝伦贝格银行，银行在整个欧洲很常见。当然，货币交易交换的不仅是金钱，还有权力。许多简陋的伦巴第“木凳”（货币交易商）发展成为欧洲皇室的银行，这些皇室需要资金来支付战争费用。其中一些成为“央行”，并向大众提供贷款，如 1694 年成立的英格兰银行。

在接下来的 350 多年里，这些银行的数量和规模飞速增长，但自 16 世纪出现的基本商业模式——一个由提供贷款的机构支撑的某种金融储备，基本上没有变化。如今，银行有各种各样的形式和规模，包括伦敦金融城的投资银行、那些在商业街上或通过手机上的应用程序向消费者放贷的银行。但从根本上讲，每一种银行都有相同的关键功能，文艺复兴时期在伦巴第街小板凳上放贷的小贩可能已经清楚地认识到了这些功能。

银行的三大功能

让我们从最明显的功能开始讲述。银行的第一个功能仍然是储存资金。2021 年，普通英国人的银行账户中平均有 5 000 多英镑的存款。[5]如果没有银行，他们将不得不把钱存放在家里，或者交给他们信任的人来保管。这并不方便，你可能把钱弄丢，每次你出门时，都可能担心钱被偷。所以，我们选择银行来储存大部分资金。这也许是银行最原始的功能，由公元前 2000 年的巴比伦祭司们所开创。

英格兰银行和其他银行一样，也提供存款服务。在我们位于针线街的总部金库的深处，有一排排崭新的 5 英镑、10 英镑、20 英镑和 50 英镑纸币，随时可以在需要时发放。但我们的金库更为人所知的是它保管黄金——为政府和其他一些央行保管黄金。这是英格兰银行 300 多年来一直在做的工作。如今，英格兰银行的金库中储存着约 40 万条黄金，价值超过 2 000 亿英镑。这相当于世界上所有黄金储备的 1/5。如果全部叠放在一起，将达到 46 座埃菲尔铁塔的高度。这些黄金可以覆盖约 2.8 万平方米，相当于 10 个足球场。

银行的第二个功能同样很明显：让我们能购买所需的东西。你不必随身携带当天可能需要的所有现金，而且至关重要的是，你可以将钱从一家银行转到另一家银行。你不需要去存款的银行，也不需要在取钱或付款时都到你家附近的那家银行。

为了实现这一点，现代银行建立了一个旨在简化支付功能的庞大系统。以借记卡为例，在英国，几乎所有成年人都拥有借记卡，并用其进行日常支付。[6] 在英国，每秒有超过 800 万英镑的货币交易，每天银行账户之间的交易额达 7 000 亿英镑。这些个人和企业都在不同的银行开有账户。由于这些交易数额巨大，银行通常不会彼此实时地转移资金。相反，它们会在计算机系统中进行记录，并在一天结束时结清欠款，这称为结算。在英国通常通过英格兰银行完成，这是央行重要的职责之一。许多银行在英格兰银行都有账户，这使他们可以将资金转移到其他银行。2020 年，英格兰银行处理了近 92 万亿英镑的付款业务。银行发挥这一作用产生的经济效益怎么强调都不为过。如果银行不能提供支付服务，可能导致经济陷入停滞。通过建立一个结算系统，可以消除未及时付款的风险。

然后是银行的第三个功能：匹配借款人和储户。银行充当着储户和借款人之间的中间人。在原则上，我们并不需要银行这样做，每个人都可以向朋友或家人借钱。但这可能引发问题。首先，你可能不知道谁有闲钱，尤其是一大笔钱；其次，即使你有很多有钱的朋友，他们也可能不愿意借给你，不是因为他们是不可靠的朋友，而是因为他们不确定你是否有能力或愿意偿还。

经济学家称这种现象为**信息不对称**：一个人对某件事的了解比另一个人多。我们在第 2 章中曾以二手车经销商和买家之间的力量失衡为例，将这种现象视为市场失灵的一种形式。在这种情况下，你比借钱给你的朋友更清楚会把钱花在什么地方及自己的还款能力。在决定是否借钱给人的过程中，银行已经发展成抵御信息不对称风险的大师。他们擅长通过收集尽可能多的关于借款人的信息来区分好的贷款和潜在的不良贷款。

慢慢地，银行找到了各种方法来实现这一点。在 20 世纪的大部分时间里，一些穿着西装的人都试图通过询问你，甚至询问你的朋友和家人，来判断你是否值得信任，能否偿还贷款。但近年来，情况变得更加复杂。现在，电脑通过大量关于你的信息来计算你能否偿还贷款。他们会查看你的健身房会员费用、你在酒吧的消费习惯等信息。

银行在这方面比我们做得更好，这不仅因为银行在评估风险方面有更专业的知识，还因为有更多的信息。他们可以看到你的消费习惯、月收入和支出，而普通民众无法做到这一点。通过考虑所有信息，银行拥有了信息优势，比个人更有效率。

银行计算出你偿还贷款的可能性之后，会决定向你收取多少利息。就像以前的伦巴第货币交易商一样，现代银行不会免费放贷。他们收取的费用就是借款的价格——贷款的利息。利率反映了一系列因素，包括银行认为的某一笔贷款的风险。一般来说，风险越大，利率就越高。

你可能认为，银行的第三个功能的好处仅限于两方：借款人和银行。但这低估了贷款在经济上的重要性。通过将储户与合适的借款人相匹配，银行将闲置资金进行流通，并确保其以最有效的方式被使用。当银行利用自己的专业知识寻找最值得信赖的借款人时，同时也会找出谁能最有效地使用资金。相对于其他人，最有可能偿还贷款的往往是将贷款投资于生产性项目的借款人。他们可能获得良好的回报，然后偿还贷款。

从黄金借贷中获利的起源

因此，匹配存款人和借款人是一项重要的社会任务，也是一种赚钱的方式。银行最关键的作用是将资金投入生产率最高的地方，从而刺激经济，同时也为自己带来盈利。与此同时，银行还有另一个作用：使更多的货币在经济活动中流通。为了更好地理解这一点，我们需要再次穿越，这次是 17 世纪中期的英格兰。

在国王查理一世与议会关系日益紧张的政治背景下，当时许多富裕家庭都在寻找存放黄金的地方。伦敦的金匠们有了用武之地。他们为富有的伦敦人提供了一项服务：可以将黄金存放在金库中。金匠会开具收据，说明黄金的数量和纯度。当所有者想拿回去时，这些收据可以用来兑换储存的黄金。然而，金匠们的伟大创新在于，他们并没有死守着这些黄金。他们意识到，只要他们确保原主人想要取出时能够拿回同样重量的黄金，在此之前就可以借给其他人，同时收取一定的费用。这笔费用中的一部分给了黄金的所有者，以补偿他们。这本是古巴比伦祭司们的发明，但在 17 世纪，它的使用范围变得更加广泛。

通过借出黄金，金匠们可以赚更多的钱，而不仅仅是储存黄金的费用。这一过程不是将所有黄金都放在金库里，而是为更多的生产性投资提供资金，然后获得更多的回报，从而刺激经济。这种循环会持续下去：更多的钱被放贷，催发了更多的经济活动，从而又产生了更多可以放贷的钱。敏感的读者可能会意识到，这从根本上增加了经济活动的资金。

如今，现代银行已经将创造货币的神奇过程向前推进了一步。我们在上一章已经探讨过，大多数经济体的货币不再由黄金支撑，银行能够凭空创造更多的货币。

但 17 世纪的金匠和今天的银行仍然有很多共同点：他们都将短期存款（人们账户中的黄金或现金）转换为长期贷款。这个过程被称为**“期限转换”**。通过这一过程，银行使自己、储户、借款人和经济活动中的其他人受益，并导致越来越多的生产性经济产出。

到目前为止，一切都很好。但唯一的问题是，那些金匠或者我们的现代银行，是否会放贷过多。如果顾客想把他们的黄金从金库里拿出来，却被告知已经借出去了，那就不太好了，而金匠在贷款人归还黄金之前也无法拿回。金匠们的解决方案是在他们的金库里保留一些黄金作为储备。

这种机制被称为**“部分准备金制度”**。在 17 世纪，这意味着如果有人晚一点偿还他所借的黄金，或者有人比预期更早想要拿回他的黄金，金匠还是可以做到的。如今，这意味着所有银行都在金库中存放了一定数量的真实的或虚拟的现金，以应对资金耗尽的风险。那么，最大的问题是银行应该持有多少现金储备。

银行挤兑导致的后果

20 世纪 30 年代初，有 6 位美国经济学家提出了一个备受关注的建议。这个建议基于一个非常简单的想法：银行应该能够在任何时候偿还储户的所有欠款。该建议被称为“芝加哥计划”，因为其主要倡导者来自芝加哥大学。[7]

这一建议违背了现代银行业最基本的逻辑，这个逻辑自伦敦金匠时代以来就一直存在。在部分准备金制度中，银行放出去的资金总比金库里的多。芝加哥的经济学家认为，这存在问题。他们觉得这使银行体系本身变得非常脆弱。银行在放贷时所扮演的两个角色之间存在紧张的关系：既创造经济活动中流通的货币，又将资金从储户配置到借款人。

关系哪里紧张？事实上，如果每个把钱存入银行的人都要求银行立即还款，整个银行系统就会崩溃——不仅是少数银行崩溃，还包括整个货币流通过程崩溃。因为根据定义，实行部分准备金制度的银行只持有所有存款的一小部分以备兑付。芝加哥的经济学家声称，这种脆弱性在 1929 年的经济崩溃中暴露无遗（下一章将对此进行详细介绍）。

芝加哥经济学家的解决方案是将这两个职能分开，将货币创造留给政府，将信贷业务留给银行。然后，任何银行都必须在央行存有足够的资金，以完全支付可能被提取的存款。这些银行将成为狭义的银行，它们放出的贷款和可能需要迅速偿还的存款之间完全相等。

“芝加哥计划”获得了许多关注，至今，经济学家、国际货币基金组织等国际机构仍在讨论该计划，但这一计划并未成为一种机制。[8] 幸运的是，总的来说，人们并不是都要求立即归还他们的钱，因此现有体系保持了相对稳定性。然而，“芝加哥计划”确实也有合理之处。仔细想想，现代银行体系建立在一个悖论之上。我们都相信银行能保证我们的资金安全，而且在很大程度上他们确实做到了。但如果忽然我们都不再相信银行是安全的，并试图把钱取走，整个银行系统就会崩溃。这就像我们在第 7 章中提到的货币的神奇之处一样：是信任让银行系统维持运转。

虽然所有人同时失去这种信任的情况很少见，但也并非不可能。当所有人都同时提款时，银行挤兑确实会发生。这在小说、电影中时有出现。你可能还记得，在 1946 年的电影《生活多美好》（*It's a Wonderful Life*）中，贝利大厦和贷款银行的挤兑。故事开始时，经营着家族小银行的乔治·贝利夫妇，他们刚刚结婚，准备出发去度蜜月，却发现储户聚集在银行外，都要把钱取出来。

银行挤兑可能由谣言引发，而这场虚构的挤兑也是如此。贝德福德瀑布城的人们听到传言，贝利建筑和贷款公司试图从另一家银行借款，因为它的一些贷款人可能无法及时还款。当愤怒的民众索要他们的钱时，银行负责人乔治解释说，他不可能满足每个人的取款要求，因为他们的钱已经贷给其他客户了。

这样的情况其实并不仅仅出现在电影中。对于经历过 2007—2008 年全球金融危机的人来说，这可能并非不可思议的预言。2007 年 9 月，英国北岩银行外排起长队，储户要求立即提取所有资金。英国广播公司报道称，北岩银行遇到财务问题，正向英格兰银行借款，这引发了银行挤兑。

在报道发布后的 3 天内，北岩银行成为英国自 19 世纪以来首次遭银行挤兑的“受害者”。许多人排了好几个小时的队。随着越来越多的人听到此消息，他们开始担心，决定加入取钱的队伍。即使银行无法兑付的可能性很小，但在钱真正到手之前，每个人都想确保自己是第一批拿到钱的人。等待的时间越长，大家就越觉得自己有失去一切的风险。这些个人的决定成了一个自我实现的预言，每一个新加入队伍的人都增加了北岩银行现金短缺的可能性。

从许多方面来看，这是相当理性的行为。当时，英国存款保险，又称为金融服务补偿计划，只能保证客户获得 2 000 英镑的补偿；若北岩银行倒闭，仅能获得 3.3 万英镑的 90%。除此以外，就没有了。所以，对于有大笔存款的人来说，排队等待是非常合理的。而现在，令人高兴的是，存款保险能保证无论银行发生什么情况，85 000 英镑以下的所有存款都会得到偿还。

但银行挤兑仍有可能发生。历史表明，发生挤兑可能是灾难性的。在《生活多美好》中，乔治的妻子及时介入，用他们度蜜月的钱偿还了愤怒的储户的钱，使贝利建筑和贷款公司免于破产，但他们的假期毁了。通常情况下，许多银行并没有足够的“蜜月款”来支付给储户。在 20 世纪 30 年代的经济大萧条期间，美国有 7 000 家银行于 1929—1933 年倒闭，其中大多是由银行挤兑引发的，就像贝利建筑和贷款公司发生的挤兑一样。[9]

央行的作用

那么，如果银行家看到门外排起了一队愤怒的储户，他们都想把钱取出来，应该怎么办呢？他们可能会向自己所处的银行寻求帮助。在英国，银行家所处的银行就是英格兰银行，即央行。央行被称为“最后贷款人”。当商业银行遇到麻烦时，比如当他们没有足够的资金偿还给储户时，英格兰银行会为他们服务。

当然，这是有条件的。只有在某些特定情况下，央行才会向陷入困境的商业银行放贷。历史上第一个编辑包含挤兑等经济术语的人是沃尔特·白哲特（Walter Bagehot），他是一位博学多才、留着大胡子的维多利亚绅士，对所有事情都有自己独特的见解。[10] 在编辑《经济学人》和撰写宪法理论的开创性著作《英国宪法》之余，白哲特抽时间写了一本关于央行的权威著作：《伦巴第街》。

这本书的名字取自 19 世纪中期欧沃伦·格尼银行所在的街道。这条街道就位于英格兰银行后面，它的名字取自那些富有创新精神的意大利人。1866 年 5 月，当时伦敦金融城最大的放贷机构欧沃伦·格尼银行暂停向客户付款。恐慌随之而来，以至于《泰晤士报》将这一天命名为“黑色星期五”，这是之后 150 年金融业历史上几个有名的“黑色星期五”之一。[11]

在那个时候，尽管地位非同寻常，英格兰银行仍是一家私人银行。它享有一些与央行相似的特权，如控制国家的黄金储备和垄断伦敦的纸币发行。它还以较低的利率向其他银行提供紧急贷款。然而，这一次，其董事会拒绝向欧沃伦·格尼银行提供援助，因为他们认为该银行无法挽救。董事会得出结论，其财务困境是由一系列糟糕的商业决策造成的，这些决策导致其承担了更多的风险。英格兰银行没有拯救欧沃伦·格尼银行，而是倾其所有向其他银行和经纪人提供支持。在这个过程中，英格兰银行确保了其他银行不会倒闭，整个金融系统也不会崩溃。

白哲特赞扬英格兰银行作为最后贷款人的角色。他利用这一事件总结了这些贷款人应该在何种情况下采取行动。英格兰银行前副行长保罗·塔克（Paul Tucker）概括了白哲特的论点，“为了避免恐慌，央行应该尽早自由（即无限制）地向有偿付能力的企业放贷，并以‘高利率’放贷，并要求他们提供良好的抵押品”。[12] 这本质上意味着，在恐慌期间，央行应该只向那些能够及时收回贷款并继续为客户提供服务的银行放贷。此外，如果发放紧急贷款，应以足够高的利率发放，以阻止其他银行在不必要的情况下向央行寻求帮助。

从这个角度来看，央行有点像经济安全带。他们会在某些情况下保护商业银行，但不是所有时候。当你被另一辆车碰撞时，或者如果遭遇了一场意想不到的风暴，导致偏离了路线，安全带将有助于保护你。但如果你只是一个糟糕的司机，安全带也无法持续保护你免受自己鲁莽行为的伤害。同样，央行只会在短时间内救助一家陷入困境的银行，并确保其发放的贷款会得到偿还。央行无法拯救那些发放了不良贷款的银行，也无法拯救那些在其他方面过度扩张的银行，例如，在工资上花费过多的银行。

以上这些都意味着，央行判断何时介入是一个棘手的问题。央行必须谨慎地确定贷款对象和贷款条件。为什么要这样？让我们回到安全带的比喻上来。芝加哥大学的另一位教授、经济学家塞缪尔·佩尔兹曼（Samuel Peltzman）认为，强制使用安全带会导致车祸数量增加。他的理由是，安全带会让人们认为自己是安全的，可以承担更大的风险，于是他们随心所欲地鲁莽驾驶，错误地认为如果出现问题安全带可以拯救他们。他称这一现象为“**风险补偿**”。[13] 这一理论被证明是不正确的，至少在英国是这样。1983 年强制使用安全带后，英国的道路交通伤亡人数随即下降了。[14] 但或许在金融界会有些不同。如果商业银行知道央行会在没有严苛条件的情况下随时准备提供帮助，为什么他们不会冒更多的风险来获得更多的客户（并获得更高的利润）呢？

当知道自己会得到救助的情况下，经济学家称这种过度冒险为“**道德风险**”。为了减少道路上的道德风险，经济学家戈登·塔洛克（Gordon Tullock）认为，政府不应该强制要求佩戴安全带，而应该要求在方向盘中心安装一颗大钉子，即塔洛克钉子。[15] 这些带尖刺的钉子会让驾驶员意识到超速驾驶的危险。英格兰银行并没有这么做。为了减少银行业的道德风险，央行对商业银行的贷款设置了规则，并且还试图确保商业银行经营得足够好，从而降低出现问题的可能性，这就是银行监管的目的。

这些规则包括限制商业银行的贷款额度。央行还要求商业银行为每笔贷款留出一些应急资金，以在部分贷款无法偿还的情况下缓冲损失。这些应急资金被称为“**银行资本**”，即银行所拥有的资金和所欠资金的差额。你可以将其视为一种保护性缓冲，以确保银行能够承担贷款损失而不会破产。银行资本来自银行的股东。如果你购买了 100 英镑某家银行的股票，那么你就为其提供了 100 英镑的资本。如果银行经营得不好并亏损，你将损失部分或全部资金。如果银行经营良好，你将有权获得一部分利润，即股息。

资本要求的设定

现在，人们普遍认为，在 2007—2008 年的全球金融危机之前，银行资本太少，经济学家约瑟夫·斯蒂格利茨（Joseph Stiglitz）、美国前总统奥巴马也都这么认为。但自全球金融危机以后，各国央行和监管机构推出了一些新政策，以增加银行资本和减少道德风险。现在，英国商业银行的资本是金融危机前的 3 倍以上。[16]

这笔资金能否确保你在银行的资金安全？考虑到银行危机的严重性，英格兰银行难道不应该设定更高的资金额度来确保商业银行永远不会倒闭吗？问题是，就像在方向盘上放上钉子可能意味着没有人愿意开车一样，对资本要求过高会阻碍商业银行放贷和履行其他有用的经济职能，从而使经济和其中的每个人都变得更糟。

如今的央行往往采取更灵活的方式，而不是无休止地提高银行资本要求。银行资本要求可能随情况不同而变化。你可以把它想象成速度限制，在不同的道路上速度会有所变化，但总体上是为了防止发生交通事故。一方面，提供更高风险贷款的银行被要求拥有更多的资本，而提供安全贷款的银行则可以拥有相对较少的资本。2007—2008 年全球金融危机后，各国央行推出了新的宏观审慎的政策，根据经济和信贷环境来决定商业银行必须持有的资本，也就是说，根据人们获得贷款的难易程度来决定。

当信贷环境不好，银行不愿放贷时，只需要持有较少的资本；当信贷环境良好，银行乐于放贷时，就必须持有更多资本。这是为了鼓励银行在经济高速发展时建立资本“缓冲区”；在经济动荡时期，银行可以动用这些缓冲区的资本，并继续放贷。其内在逻辑是，一方面，当经济形势艰难时，银行可能停止放贷，这将导致更多的经济问题。此时，政策制定者希望银行继续放贷，所以允许商业银行只保留较小的缓冲区，做到有条件继续放贷。另一方面，当经济表现良好时，商业银行则被鼓励建立更大的缓冲区，这样，如果形势真的开始变差，他们也有钱继续放贷。当经济形势不好时，银行的资本可以更低，反之亦然。这一原则被称为**“逆周期资本缓冲”**。

在英国，这一缓冲的规模由英格兰银行的金融政策委员会确定。该委员会由行长和一些高级经济学家组成。每当经济状况发生变化时，委员会都会考虑改变缓冲区的大小。例如，2020 年，随着新冠疫情席卷全球，委员会降低了商业银行必须持有的资本，这有助于确保商业银行即使在经济看起来不稳定的情况下也能继续放贷。

英格兰银行是如何设定这些资本要求的？在很大程度上，这取决于经济模型，我们将在下一章中了解这一点。但央行还有其他的诀窍。有时，央行通过“压力测试”来决定商业银行必须持有多少资本。央行模拟经济危机，并要求商业银行向他们演示将如何应对。例如，如果 GDP 下降 10%，商业银行必须说明他们会怎么做，这会如何影响他们的贷款及持有的资本。如果失业率上升 5%，抵押贷款的损失会有多大。这些模拟有助于政策制定者决定商业银行应该持有多少资本。

这一切在理论上听起来很有帮助。当然，如果没有支撑政策的力量，这些政策是毫无意义的。这就是为什么央行不仅要制定“道路规则”，还要促使“金融交通官员”来实施这些规则。在英国，英格兰银行下属的审慎监管局和独立监管机构——金融行为监管局就是“金融交通官员”。他们的责任是确保商业银行遵守规定，如果不这样做，商业银行可能被处以巨额罚款。或者在极端情况下，被禁止运营。“金融交通官员”的另一个作用是，当出现问题时，努力保持金融秩序。当银行真的倒闭时，央行有一个处置的流程，确保商业银行在不损害客户、其他银行或金融系统其他部门利益的情况下安全倒闭。

这些变化都是最近才出现的，在 2007—2008 年全球金融危机之后才开始实施，当时的公众和政策制定者意识到，银行业在面临经济冲击时要更有弹性。这些政策的效果是显著的，你的钱现在在银行里应该比以往任何时候都更安全。当然，也比你把钱藏在床垫下更安全。

把钱存在银行账户带来的经济利益

作为英格兰银行的员工，我们可能会说，银行是可信的。幸运的是，我们并不是唯一赞成这一观点的人，几乎所有经济学家都同意，银行不仅是最安全的储存资金的地方，也是全球经济运行不可或缺的一部分。

银行最显而易见的作用是，将钱存入银行账户是对个人经济利益的保护。一方面，安全性高。床垫里的钱可能被扔掉或被盗，但把钱存入银行，这种可能性较小；另一方面，储存在银行的钱更方便使用，从安道尔到桑给巴尔，你可以从任何地方的 ATM 机上取钱，而且无须把钱放在行李箱里。这也是银行储蓄远远超出现金的经济效益之处——使货币在经济中平稳流通。

同时，银行对存款的实际处理也会产生有益的经济影响。银行不是简单地守着你的储蓄，而是把钱借给其他人和企业。通过部分准备金制度，银行借出的钱比他们金库里的钱多得多。我们在第 7 章中讨论过，银行在这个过程中创造了更多的货币。通过放贷，银行将储蓄资金引导到生产率最高的领域。例如，向个人贷款，帮助他们买房；向企业贷款，为其投资提供资金。

面对银行的风险，尽管历史上从来都是犹疑不定的，但今天你放在银行的钱实际上比以往任何时候都更安全。因为现在有一整套规则、条例和资本标准来确保存款的安全。此外，英格兰银行作为“最后贷款人”意味着如果商业银行遇到短期资金问题，它将随时待命。但如果真的出现了严重的问题，那么央行的处置流程能确保商业银行安全倒闭，而不会对整个金融系统造成多米诺骨牌效应。

总之，银行既能保证你的资金安全，又能确保每个人的钱在整个经济活动中得到良好的利用。但即使在一个金融监管良好的时代，银行系统也并不总是运转顺利。银行挤兑确实会发生，在许多情况下，这是经济出现更大麻烦的结果。央行可以减轻经济危机的后果，并试图阻止金融体系的问题导致的危机恶化。但央行不能完全消除经济危机。经济危机，以及如何应对经济危机，是我们最后两章的重点。

Can't We Just Print More Money?

09

为什么没人能预测经济危机

经济危机的起因与预兆

Can't We Just
Print More Money?
要点前瞻

2008 年 11 月，时任英国女王伊丽莎白二世访问了伦敦政治经济学院，并为学院的一座新大楼剪彩。许多人认为这只是一次普通的社会活动。时值 2007—2008 年全球金融危机的高峰期，而且这是自 20 世纪 30 年代以来最严重的一次金融危机，所以剪彩并不是她的主要目的。在访问的途中，她问了在场的经济学家一个英国所有人也想问的问题：“为什么没有人能预测到经济危机？”

这是经济学家在未来 10 年里持续争论的一个问题。该问题出现在大学演讲厅、经济学术期刊、报纸专栏上和电视辩论中。与此同时，极少数预见到经济危机的经济学家一夜之间成了名人。

这个问题的答案是什么？有一个具体的答案，也有一个广义的答案。2007—2008 年的全球金融危机从根本上讲是由不良贷款引起的——银行向那些没有偿还能力的人提供了过多的抵押贷款。许多（尽管不是所有）经济学家都忽视了这一点，因为他们没有把所有这些因素都联系起来。他们没有意识到，银行是与经济活动中的其他部分紧密交织在一起的，哪怕是一小部分未偿还贷款的影响也将远远超出房地产市场紊乱带来的影响。

伦敦政治经济学院的经济学家路易斯·加里卡诺（Luis Garicano）回答了女王这个问题，他后来在《卫报》上写道："我告诉女王的是，情况失控的原因在于那些在贷款链各个环节工作的人都渴望保住他们的工作。"[1]

广义的答案更复杂，涉及经济崩溃的漫长历史、其混乱的本质和不可预测性。毫无疑问，在过去 70 年中，每年都会发生经济崩溃的情况。

最广为人知的一次经济崩溃是在 1929 年 10 月 24 日星期四发生的，当天纽约证券交易所（一个美国公司股票交易的市场）上午 9 点开盘后几个小时内指数下跌了约 10%。[2] 这一天被称为"黑色星期四"，紧接着又出现了"黑色星期一"和"黑色星期二"。股市在 5 天内暴跌了 25%。[3] 近一个世纪以来，"黑色星期一"仍是有记录以来跌幅最大的一个星期一。

华尔街的崩盘引发了历史上最严重的经济危机：大萧条。随之出现了大规模失业及后来的各种灾难：贫困加剧、政治动荡，人们必须排长队去领救济金等。[4] 尽管华尔街的报价单和公文包离大多数纽约人的生活很远，更不用说当时生活在欧洲的 5.26 亿人。[5] 但事实是，华尔街发生的事不仅影响了美国人的日常生活，也影响了全世界成千上万人的日常生活。1930—1932 年，全球人均 GDP 下降了近 20%。[6]

快进到 1987 年 10 月 19 日，那天早上，华尔街的股票经纪人脸上露出惊讶和恐慌的表情。股市再次暴跌，跌幅达到了 23%，美国股市市值缩水 1 万亿美元。[7] 这一天被称为“黑色星期一”，又是一个“黑色星期一”。许多人回忆起 1929 年的那个“黑色星期一”，而且《视相》杂志再次引用了 1929 年 10 月 30 日的标题：华尔街一败涂地。

然而这一次，金融危机并没有蔓延到经济的其他领域。1988 年和 1989 年，美国 GDP 增长率都达到了 4%，甚至 1987 年的 GDP 增长率也是正的。[8] 那是一个经济繁荣的时期。这两个案例表明，金融危机可能非常复杂、出乎意料，也可能是随机的。可能毫无征兆地发生，只影响经济的一个领域；也可能影响无数个领域。它还表明，金融危机和经济危机是不同的。

经济危机表现为经济收缩或 GDP 下降。如果经济收缩超过 6 个月，经济学家称为**衰退**。这类危机的影响超出了华尔街的范围，对普通人的消费和投资决策也有重大影响。但并非所有银行和金融部门的危机都会导致经济危机。在过去的 100 年里，只有半数的金融危机导致了经济衰退。

因此，为了回答女王的问题，我们需要深入研究金融与更广泛的经济之间的联系，还需要解释为什么预测两者的轨迹如此困难。在历史上的很多时候，经济学家忽视了严重的经济危机的到来；也有一些时候，经济学家认为会发生经济危机，但危机并没有到来。事实上，经济学家预测错误的次数多于正确的次数。考虑到这些情况，你将如何看待预测下次经济危机的艰巨任务？

步步逼近的明斯基时刻

如果你已经 85 岁，那么你可能会经历 8 次经济危机。这是英国人一生中平均搬家次数的两倍。在笔者作为英格兰银行经济学家的相对短暂的职业生涯中，已经在英国经历了 2 次经济危机。但并非所有经济危机都改变了世界，也没有两次危机是完全相同的，1929 年的危机与 1987 年的危机截然不同，此后美国 13 次股市崩盘也是如此。在通常情况下，经济会逐渐扩张，然后逐渐收缩。有时经济会迅速衰退，然后迅速复苏。

这些经济危机为什么会出现呢？它可能由多种因素引发，包括投机泡沫、银行挤兑、利率上升、房价下跌、贸易争端、油价变化、战争、饥荒、社会动荡、流行病等，或所有这些因素的结合。

但有几种经济危机特别常见。最令人关注的是金融危机。金融界出现问题并不是什么新鲜事。有记录以来的最早的金融危机之一发生在公元 33 年的古罗马，当时土地价格下跌，以土地抵押贷款的地主难以偿还贷款，贷款人于是停止放贷。但近几十年来，金融系统的问题产生了更广泛的影响，有时甚至会导致严重的经济危机。这是因为金融市场比以往任何时候都更紧密地融入了经济的其他领域。

我们可以通过观察其中最广为人知的一次金融危机——1720 年的南海泡沫来理解它是如何发展的。南海公司成立于 1711 年，主要与西班牙在南美洲的殖民地进行贸易，特别是将从非洲贩运来的奴隶带到南美洲的矿场和种植园工作。当时，英国陷入与西班牙的长期战争，这场战争使英国政府损失了一大笔钱。英国政府的解决方案是什么？向南海公司出售政府债券，并向债券持有人发行股票，公司股东会获得年度股息。这家贸易公司贿赂了经济部长和国会议员，从而使自己有利可图。到 1720 年，政府欠该公司 3 000 万英镑的债务。[9]

这一方案在一定程度上支持了奴隶贸易，不仅不道德，而且在经济上也存在问题。当时，南美洲是西班牙和葡萄牙的殖民地，因此很难从该方案中获益。也许比这更重要的是，跨大西洋奴隶贸易是一项风险极高的冒险活动，因为旅途中的死亡率非常高，所以利润会受损。虽然奴隶贸易可以为个人投资者带来巨额利润，但总的来说，风险太大，无法支撑政府融资的安全。

尽管如此，对南海公司股票的需求量仍然很大。从贵族肯德尔公爵夫人、伦敦德里伯爵托马斯·皮特、政治家，到中下层伦敦人，每个人都购买了该公司的股票。很快，南海公司的股价飙升至近 1 000

英镑，约相当于今天的20万英镑。[10] 当时，英国人投资股票十分普遍，一些人在明知股价过高的情况下仍买入这些股票，希望以更高的价格卖出；一些人从银行借款购买股份；还有一些人则将毕生积蓄投入其中。然后，股价突然暴跌。人们突然意识到，这家公司的价值与人们购买股票的价格相去甚远。

像经济学家一样思考

明斯基时刻

我们在第7章中提到过海曼·明斯基，这就是经济学家所说的明斯基时刻。在20世纪末的大部分时间里，明斯基的作品几乎被遗忘了，但在2007—2008年全球金融危机中，他重新受到关注。当每个人都意识到他们投资的股票价值比想象中的要低得多时，明斯基时刻就到来了。[11] 这时，投机活动达到了不可持续的极端的临界点。一个特定的事件可能引发最初的股价下跌，继而引起人们的恐慌。就南海泡沫而言，人们意识到他们购买的是一家盈利能力并不是很强的公司的股票。当你看到银行家双手抱头的画面，或者以南海公司为例，投资者沮丧地盯着伦敦咖啡馆的黑板，明斯基时刻可能就到来了。

而且，股价的这种突然大幅下跌可能带来更广泛的经济危机。1720年，许多人失去了毕生积蓄，破产了。牛顿在当时也算一位精明的投资者，他损失了大约2万英镑，按今天的物价计算，相当于400多万英镑。正如他后来所说，他可以“计算出天体的运动轨迹，但无法计算人类的疯狂”。[12] 他描述的正是经济学家所说的从众心理——根据他人的行为或选择做出决定。

破产对整个英国经济产生了影响。伦敦的银行因债务开始破产。这很快对其他公司股票的价格产生了负面影响。这类危机的根源是投机：对某项资产进行大规模投资，因为人们认为它会升值。当人们意识到该资产被高估时，泡沫就会破裂。这与 1929 年、1987 年和 2007—2008 年的危机如出一辙。

导致经济危机的投机泡沫

这种投机泡沫很常见，但并非所有投机都会导致经济危机。想一想豆豆宝宝泡沫。豆豆宝宝是一种毛绒玩具，通常价值约 5 美元。20 世纪 90 年代末，收藏家开始相信某些豆豆宝宝是稀有的，因此会升值。他们说得对，至少有一段时间是这样。在这个时期，有些豆豆宝宝在易趣上的售价可以超过 5 000 美元。随着这些玩具的价格上涨，越来越多的人想购买，价格也进一步上涨。对于毛绒玩具迷来说，那是一个戏剧性的时代。有人组成了豆豆宝宝走私团伙，一名 77 岁的被称为豆豆宝宝强盗的男子偷走了价值 1 200 美元的玩具；人们争相抢购罕见的“加西亚”熊，导致一些儿童在踩踏中受伤。这些玩具的制造商泰（Ty）曾短暂地成为世界上最大的玩具公司，其创始人成为世界排名第 877 位的富豪。但就像大多数泡沫一样，暴涨的商品价格一定会下降。2000 年，收藏家意识到这些玩具的价值远低于他们购买的价格，许多人卖掉了他们的豆豆宝宝，而其他正在考虑投资的人则重新考虑了他们的选择，这导致这些玩具的价格进一步下跌。许多人也因此损失巨大，其中有一个家庭甚至损失了 10 万美元。[13]

这一次的泡沫并没有波及更广泛的经济领域，因为它只涉及小部分投资者，与金融系统的其他领域无关。然而，这确实揭示了非理性投机行为的普遍性。这种泡沫非常普遍，包括近年来的棒球卡、手表、房地产市场和科技公司股票。

像经济学家一样思考

非理性繁荣

为什么这种投机行为如此普遍？经济学家罗伯特·希勒（Robert Shiller）因在这个领域的研究而获得了诺贝尔奖。他认为，随着价格上涨，投资者希望参与其中，即使这是不理性的，他称这一现象为“非理性繁荣”。如果你所有的朋友都对某项投资（如比特币）赞不绝口，比如他们都说比特币只会涨价，你可能也会去投资。因为你很难相信所有的朋友都错了，所以你听从了他们的建议。与此同时，当价格上涨时，人们会变得更有信心，因此风险厌恶会越低。价格越上涨，人们投资得越多，从而推高了价格。

然而，如果你认为投机是经济危机的唯一原因，那就大错特错了。想一想经济学家所说的“黑天鹅事件”：不可预测的灾难性事件，就像黑天鹅一样，你知道它存在，但很罕见，也很难预测。2020 年的新冠疫情是一只典型的黑天鹅。阻止病毒传播的措施导致几乎所有经济体停摆。90 多个国家实施了全国封锁，这影响了全球一半以上的人口，结果导致了金融恐慌。2020 年 3 月 12 日，全球股市下跌了近 10%，这是自 2008 年股市崩盘以来最大的跌幅。[14]

由于不确定封锁将持续多久，以及对新一轮病毒传播和变种的担忧，人们对经济的信心很低。这意味着，即使人们有钱，很多人也会选择不消费。与此同时，许多企业根本无法售出自己的产品，餐馆和商店关门，工厂关闭，航运船只停航。这是一场“完美”的风暴，因为缺乏消费机会，再加上消费意愿很低。仅在 2020 年，全球 GDP 就下降了近 4%，这可能是自大萧条以来最大的经济萎缩。[15]

上述例子表明，投机远不是经济动荡的唯一导火索。经济危机往往是由于全球经济出现了有效运作的障碍。流行病、战争、商品短缺，这些都使经济难以运转，也可能导致经济动荡。

经济危机的高昂代价

经济危机代价高昂。2007—2008 年的全球金融危机让每个美国人损失了大约 7 万美元，而历史上的其他经济危机通常会让每个英国人损失 2.1 万英镑。[16] 这足以给英国的每个女人、男人和孩子买一辆新的福特嘉年华汽车，并且还能剩下一些钱。

当然，在现实中，这些统计数据只是危机的一部分。2007—2008 年的这场危机实际上让一些人的损失远超 7 万美元，而另一些人的损失则少得多。每一场危机的影响都各不相同，对经济不同领域的影响也有差异，这取决于是什么引发了危机，以及政府采取了什么政策来应对危机。其中一些危机的影响可能只会在短时间内影响人们，而另一些危机的影响要到几年后才会显现出来。

但也有一些反复出现的后果。经济危机直接的后果之一是人们对经济的信心下降，这意味着人们不太愿意花钱。例如，在经济衰退期，男性有可能推迟购买新内衣，从而使经济危机期间内衣销量下降。这是美联储前主席艾伦·格林斯潘（Alan Greenspan）了解经济表现的首要指标之一。然而，经济危机的影响显然并不局限于内衣。在经济低迷时期，人们往往会削减开支，因为他们的房屋等固定资产价格出现了下跌，这会让人们觉得自己不那么富有。

经济危机也可能导致企业倒闭。经济衰退波及了所有企业，从大公司到家庭经营的商店都是如此。当人们的支出减少时，企业的收入就会下降，甚至难以支付员工工资或电费等。如果企业无法承担这些成本或不得不借钱支付费用，就可能被迫关闭。一些企业可能削减员工工资以降低成本，并避免倒闭。但由于工资水平较低，这些员工在其他方面的支出可能也会减少，这也会使其他企业的运营更为艰难。

为了了解这些危机如何波及整个经济，可以看一看全球金融危机之后的冰岛。与世界上的许多国家一样，2009 年的冰岛正处于一场巨大的经济危机的阵痛中：国内生产总值下降了 8%，冰岛克朗的价值剧烈下跌，是 2008 年的 50%。[17] 由于汇率太低，冰岛的麦当劳无法进口汉堡所需的牛肉、奶酪和蔬菜。突然之间，经营一家快餐企业几乎变得不可能。结果，雷克雅未克的 3 家麦当劳都不得不歇业，最后再也没有开门营业。今天，你可以参观（或用新媒体直播）该国仅存的巨无霸汉堡和薯条，它们被保存在冰岛南部一家博物馆的密封玻璃柜中。这暗示了经济危机的长期后果：许多企业关闭了，再也没有开门营业。2007—2008 年全球金融危机影响下的受害者还包括英国的唱片连锁店 HMV、[18] 家具公司 MFI，当然还有人们首选的 P&M 糖果屋供应商沃尔沃斯。

企业的关门歇业导致了危机的第二个经济后果：失业。当企业倒闭时，人们就会失业。在整个经济体中，这种失业的影响可能是灾难性的。在大萧条期间，每 4 名美国工人中就有 1 名失业。如果你在经济衰退期失业，通常很难找到新工作。一些群体比其他群体受到的影响更大。通常情况下，年轻人和技术水平较低的工人受到的打击最严重。2007—2008 年全球金融危机期间，18 ～ 30 岁的工人失业率和实际工资下降幅度比其他群体要高。[19]

一旦经济复苏，大多数人会找到新工作，但有时是在不同的行业。例如，2007—2008 年全球金融危机后，一些失业的银行家接受了再培训，成为教科学的老师。[20] 但正如我们在第 3 章中讨论的，如果人们长期失业，就可能永久地失去技能，从长远来看，他们的就业能力会降低，这意味着经济危机的效应可能影响人们几十年。如果经济衰退持续的时间足够长，低技能工人可能不再找工作，因为他们意识到自己找到工作的机会很渺茫，工资也可能很低。

这就引出了经济危机的第三个影响：不平等加剧。在经济衰退中，收入不平等加剧，贫困现象更加普遍。2009—2010 年，在经济衰退退潮后，1% 的财富最多的人收入增长了近 12%，而其余 99% 的人的收入大致保持不变。[21] 换言之，只有高收入者看到了经济复苏的好处，而不是所有人。1929 年的金融危机和由此引发的大萧条之后也出现了同样的现象。1920—1928 年，5% 的高收入人群的收入占比从 1/4 多一点上升到 1/3 以上。

经济衰退的长远影响

为什么经济衰退会产生这种影响？原因有几个，其中一个可能是，那些本来境况就较差的人可能受教育程度更低，因此，如果他们失业，就业机会就会更小。另一个可能是，如果那些收入较低的人真的失业了，他们的储蓄也会减少，这使他们的经济状况恢复变得更加困难。

这种情况不仅发生在不同收入群体之间，而且发生在不同代际的人群之间。2008—2009 年，全球金融危机后，英国年轻人的收入超过或等于父辈的比例下降了。这使得父母与子女收入之间的相关性变强了。突然之间，遗产成为财富增加的一个更重要方式。从长远来看，经济衰退往往会削弱后代的社会流动性，这可能对经济增长产生长期影响。

这些问题只是经济衰退带来的影响之一。经济衰退影响着社会的方方面面，包括我们的生活方式、情绪和人际关系。想一想经济变化对人们健康的影响，最明显的是，经济动荡会影响心理健康。2007—2008 年的全球金融危机之后，随着失业率的上升，英国男性自杀人数增加了 15% 以上。[22] 经济衰退也会影响人们的身体健康。如今，我们有明确的证据表明，在经济衰退期间，心脏病和脑卒中会显著增加。

这种对健康的影响不仅涉及成年人，孩子也会受到影响。在经济不稳定时期，年轻人充满了压力和不安全感，这意味着他们出现心理健康问题的风险更大。在上一次经济衰退期，儿童心理健康咨询增加了一半。[23] 经济衰退也会使婚姻关系出现问题。经济衰退后，离婚率往往会上升，因为夫妻双方发现难以应对家庭经济压力。2003—2009 年，离婚人数总体呈下降趋势，但 2010 年上升了 5%。[24] 另一方面，离婚后，你更有可能收到约会邀请。研究表明，当经济陷入困境时，人们更加倾向于与他人约会——经济动荡似乎会让人们感到孤独。[25]

这些都表明，衰退的负面影响远远不止失业、健康风险增高、工资下降等表面现象。它影响着我们生活的方方面面。但有时也可能是积极的方面。事实上，有些经济衰退已经被证明会延长平均寿命。在大萧条期间，美国高失业率地区的死亡率下降了，这也许是因为人们抽烟少了，或者由于上班的人减少了，道路上发生致命交通事故的概率降低了。

如果一个经济体能够顺利度过衰退期，可能也会变得更健康。通常经济危机最终会使运营良好的公司获得更高的利润。这就是奥地利经济学家约瑟夫·熊彼特（Joseph Schumpeter）所说的“**创造性破坏**”。运营不良的企业会破产，大多数企业必须咬紧牙关才能生存，运营良好的企业往往能够存活下来。这通常也意味着原本会流向运营不良的企业的资源会被释放出来，转而为运营良好的企业所用，或者流向那些初创公司。创造性破坏的例子之一出现在 2000 年初，当时纳斯达克在网络公司股价持续暴涨后崩盘。那些依赖网民狂热炒作的企业纷纷倒闭。与此同时，易趣等真正可靠的网络企业崛起，最终改变了数十亿消费者。

如何预测经济危机

说了这么多，我们到底该如何回答女王的问题？要想预测经济危机，你需要关注一些事情。首先，全球经济是否出现了破坏性的迹象——无论是投机泡沫、快速蔓延的新冠疫情，还是不可持续的不平衡因素累积，如人们欠了太多债务。其次，消费者或企业信心的下降，这有可能波及整个经济体系。

经济学家的任务之一是利用这些信息进行预测，虽然很多时候并不成功。如果女王访问伦敦政治经济学院时我们在场，我们可能会告诉她，预测经济危机就像预测天气一样。气象学家和经济学家都不善于精准预测，无法准确说明什么时候会有倾盆大雨或发生经济崩溃，但他们都善于预测季节的变化或经济的总体趋势。

气象学家知道，北半球 8 月的气温可能比 12 月更高。如果你住在英国，你知道一旦 3 月（或者，现实点说，5 月）来临，就要收起厚厚的羊毛外套；你知道年底比年中更少用墨镜。同样，经济学家能感知经济处于繁荣期还是萧条期，即商业周期，并且可以预测经济增长或萎缩的可能性。但是，正如 12 月中旬也可能需要墨镜或在 8 月也需要雨伞一样，总有那些罕见的日子。在商业周期中的某些时候，经济“天气”可能与你预期的不太一样。同样，经济学家可能知道经济即将萎缩，但无法准确预测何时或因为什么萎缩。

那么，经济学家用什么工具来进行预测，甚至发现那些正在出现的危机呢？他们会建立模型。就像天气一样，经济也很复杂，以至于经济学家无法完全理解正在发生的事情（在没有帮助的情况下）。这是一个由成千上万的人、企业和政府组成的复杂系统，并且彼此之间不断在互动。因此，为了更好地理解经济，经济学家和气象学家一样，使用模型来简化世界。我们在第 2 章中曾讨论，模型总是有点离谱，但它们可能是有用的，有助于经济学家理解政策的影响或经济的不同领域相互作用的方式。

大多数模型——无论是气象还是经济，都是由两个部分构建的。第一部分是数据，在大多数情况下，模型需要很多数据。在英格兰银行，我们使用了 100 多个数据集，其中包含 1 亿多个独立的数据点。我们在模型中插入的一些重要的数据点可能表明危机正在蔓延，如高风险贷款的增加（正如我们在大萧条和 2007—2008 年全球金融危机之前所看到的那样）或房价下跌。

许多经济学家越来越多地使用一些非传统数据，以及早发现潜在的经济问题。有许多微妙而奇特的迹象可以告诉你经济可能即将进入低迷期。例如，纸板使用量的急剧下降通常意味着危机迫在眉睫。由于世界上大多数商品都是用纸箱运输的，当纸板销量增加时，也就意味着企业产量增加，会雇用更多的员工。而当对纸板的需求开始减少时，可能预示着经济信心的崩溃。类似的机制也可以在房车等装备的购买中看到。1989 年、2000 年和 2006 年，房车销量下降都发生在随后的经济衰退之前不久。

事实上，经济衰退最准确的短期指标是《纽约时报》和《华盛顿邮报》上出现“衰退”（recession）一词的文章数量，也就是《经济学人》创建的 R 指数。这个数字越高，经济衰退的可能性就越大。这虽然是一个看起来很简单的方法，但事实证明它的准确性令人惊讶，因为准确地预测了 1981 年和 2001 年的经济衰退。[26] 这也许反映了危机的自我实现本质，即往往发生在越来越多的人开始担心经济，因此越来越频繁地谈论和撰写经济类文章的时候。

第二部分是假设。经济学家（和气象学家）对世界的运行方式做出假设或判断，并以此来确定接下来可能发生的事情。在预测天气时，气象学家会假设不同的天气系统在一年中的不同时间是如何相互作用的。他们之所以能做到这一点，是因为一次又一次地观察了天气的模式。同样，在经济建模中也可以运用假设。经济学家每次可能只假设经济的某一领域发生了变化。例如，经济模型可能预测电动汽车价格下跌导致购买人数增加，但也可能忽略这样一个事实，即工资下降或购买汽车的贷款利率上升，因此总体上人们购买汽车的意愿降低了。

许多经济模型中都在使用的（也是最有争议的）的假设之一是人们是理性的，即经济活动中的大多数人、企业和政府都以有利于自己的方式行事，正如我们在第 1 章中提到的机器效用最大化一样。这使经济学家会进行一系列假设，例如，在经济低迷期，人们会存更多的钱，因为他们不确定自己能否保住工作。

在许多情况下，这些假设不会降低模型的准确性。现在，经济学中有一个蓬勃发展的分支领域，这个领域指出了人们的所有非理性行为，证明了许多传统的经济模型是有缺陷的。这一领域即“**行为经济学**”。之所以被称为行为经济学，是因为它研究的是人们的基于情绪的实际经济行为，而不是传统经济模型所关注的人们应该如何表现。经济行为中的“非理性”无处不在。比如，即使我们的写作进程已经远远晚于出版商要求的最后期限，也不会妨碍我们在酒吧里再喝一杯；即使你知道冰箱库存充足，还是照样会点外卖。

这种非理性意味着经济学家的模型可能经常偏题。例如，在“南海泡沫”期间，许多经济模型（如果当时有的话）可能会假设，一旦没有充足的理由继续支撑南海公司的股价上涨，人们就不会继续买入。或者，在 20 世纪 90 年代，人们不会为了投资而排队数小时购买毛绒玩具豆豆宝宝。但人们的确这么做了，他们中的大多数人也赔了钱。

因此，这些模型经常让我们失望。再看一个天气预报员的例子。1987 年，英国广播公司天气预报员迈克尔·费什（Michael Fish）对即将来临的飓风一笑置之，这在当时是出了名的。当晚，自 1703 年以来最具破坏性的飓风袭击了英国，风速高达每小时 185 千米，这导致成千上万的家庭断电，18 人死亡。就像天气预报员一样，经济学家也会出错，而且可能错得很离谱。2007 年，英格兰银行预测接下来的一年英国经济将增长 1% 至 4.5%，尽管他们注意到了国际金融市场的动荡，但未能预测到全球金融危机即将到来。[27] 英格兰银行前首席经济学家安迪·霍尔丹认为，这是经济学家的“迈克尔·费什时刻”。但事实上，经济学家的错误比迈克尔·费什糟糕得多。自 20 世纪 90 年代以来，在全球的 153 次经济衰退中，经济学家未能预测到的有 148 次。[28]

考虑到这些，你可能会问，为什么经济学家还要依赖模型来预测经济趋势。答案是：它们仍然是我们最好的方法。请记住，没有一个模型是正确的，但有些模型是有用的。因此，许多经济学家认为，有缺陷的模型总比没有模型好。

成因各异的金融危机

2009 年 7 月 22 日，一群经济学家写信给英国女王，就女王提出的关于金融危机的问题给出了一个深思熟虑的回答。[29] 这封信解释说，6 月 17 日在英国科学院举行了一次论坛，在论坛中，有人提到有一些经济学家确实预见了这场危机。问题是，他们不知道到底是什么原因引发了经济危机，以及什么时候会发生经济危机，或者其影响会有多糟糕。他们就像那些气象学家一样，能够预测降雨，但很难预测降雨量是多少或者何时开始降雨。

说实话，许多政策制定者都提到过金融市场的风险，他们中的许多人认为，银行向那些似乎不太可能偿还贷款的人发放贷款显然是一个糟糕的举动。但大多数人没有将房价下跌、贷款问题和整个经济活动中更广泛的问题联系起来，他们没有想到银行的大量的未偿还贷款会让全球经济陷入瘫痪。

经济学家给女王的信中还指出，在危机的酝酿过程中，经济模型被证明能够很好地预测一些较小和短期的风险。但问题在于，模型没有办法表明这些较小的风险对经济其他部分的影响，也没有能力预测真的出问题时会产生什么影响。这些经济学家和他们的模型并没有把这些方面联系起来。

这答案确实经过了深思熟虑，但没什么用，尤其是在如果女王不仅对应对上一次危机感兴趣，而且对预防下一次危机也感兴趣的情况下。尽管将所有因素联系起来可以提高经济学家发现经济危机的能力，但每一次危机都是不同的，未来的危机不太可能与过去的危机一模一样。经济行为并不总是像经济学家认为的那样，因为人们并不理性。

因此，也许对于女王的问题，最简短的答案反而是最好的。预测危机很困难，因为经济和人都很复杂。

这也意味着经济学家的作用不仅仅是预测和预防危机。在一个复杂的世界里，认为所有危机都可以预防的结论本身就是武断的。经济学家不仅要预防危机，还要应对危机。

因为在某种程度上我们是可以影响经济的。政府和央行可以用许多手段来管理危机，无论是预防危机、应对危机，还是静待危机继续发展。政策制定者在管理经济方面的作用是我们最后一个问题的焦点。

Can't We Just Print More Money?

10

为什么不能多印点钱

量化宽松政策会带来什么影响

Can't We Just
Print More Money?

要点前瞻

在西班牙电视剧《纸钞屋》（*Money Heist*）中，一群劫匪闯入马德里皇家铸币厂。他们的目标是印出超过 20 亿欧元的纸币。他们认为，这并不是偷窃，这一想法是由他们的领头“教授”极力倡导的——这是新的钱，而不是从别人的银行账户里拿走的钱，所以这种做法在道德上是合理的。

这部电视剧的戏剧性就在于这次大胆的抢劫。事实上，这与过去 10 年世界各国央行所做的事并没有本质区别，仅有的区别在于各个

央行印钞是合法的。尽管最后他们并没有真正打开印钞机，也没有用枪对准铸币厂的工人。近年来，世界各地的央行一直在创造货币，其规模甚至会让那些劫匪自愧不如。2007—2008 年的全球金融危机以来，至本文撰写之时，英格兰银行已经印制了近 1 万亿英镑的新货币，并将其投入流通。这对英国人来说，相当于人均获得了 15 000 英镑。当然，英国并不是唯一这么做的国家。美联储印制了超过 7 万亿美元，欧洲央行也印制了类似数额的欧元，这些货币似乎是凭空产生的。[1]

为了解释为什么央行要进行如此大规模的货币供应量扩张，本章将探讨央行在经济中的杠杆作用：这些杠杆是如何影响你和你周围的世界的，以及最终政府为什么限制了央行的货币供应。我们也将深入研究政府影响经济的其他方式，如利用税收和财政支出来尽力保持经济平稳运行。另外，经济政策制定方面的诸多教训将带领我们踏上环游世界、跨越时间的旅程，这段旅程始于 20 世纪 90 年代的日本。

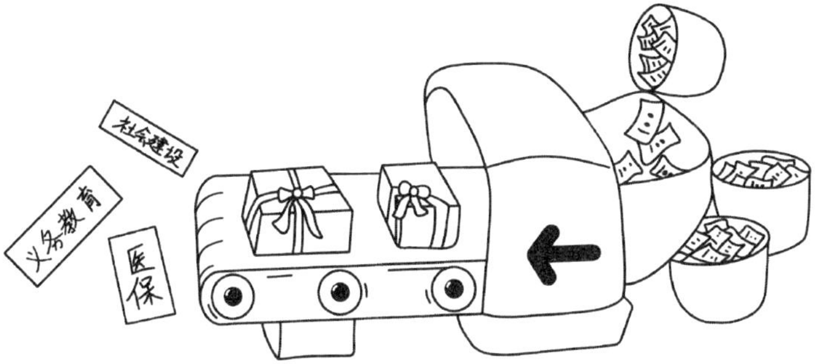

央行刺激经济的武器

20 世纪 80 年代是日本经济的繁荣时期。这个国家当时已经成为全球资本主义的宠儿，生产随身听、汽车等各种高科技产品。然后，在 90 年代初，经济泡沫破灭了。或者，更准确地说，是两个经济领域的泡沫破裂了，一个是房价泡沫，另一个是股市泡沫。后果是日本经济发展速度放缓，日本人和各类公司开始减少支出。

随着经济发展速度放缓，通胀率下降，正如我们在第 6 章中所讲述的，需求下降意味着物价上涨不会那么快，或者甚至会下降。日本央行需要找到一种刺激经济和提高通货膨胀的办法。与大多数央行一样，他们的目标是保持物价稳定。如果物价稳定，反过来也表明整个经济活动中的消费和支出是健康的。

但如何实现这一目标呢？与世界各地的其他央行一样，日本央行通过调整经济活动中货币的供应量和利率来实现目标，这一措施被称为**货币政策**。在 20 世纪 90 年代，日本货币政策的武器主要是利率。

因为央行是其他银行的银行，所以他们处于重要位置。当央行需要钱时，一方面它可以设定其他银行贷款的条件，另一方面可以设定向其他银行支付的存款利率，就像商业银行支付给你利息一样。当央行改变这些条件时，它会通过一些渠道对经济的其他领域产生一系列的连锁反应，这种渠道被称为**货币传导机制**。虽然这个词有点令人费解，但请保持耐心，因为它们真的很重要。这些渠道包括以下 4 个方面。

第一，通过改变向其他商业银行收取和支付的利率，央行推动这些商业银行调整向借款人收取的贷款利率和支付给储户的存款利率。其中有多种操作方式，最直接的有跟踪抵押贷款，这种贷款的利率与央行设定的利率保持一致。央行利率变化的直接影响相对较小。商业银行之间相互竞争，以提供最佳利率来吸引客户。当央行改变利率时，或多或少会使商业银行存款和贷款的成本发生变化，这意味着要么将成本的变化转嫁给客户，要么自己承受。最终，央行的利率变化会影响商业银行的一系列利率，包括信用卡、银行存款、商业贷款等各方面的利率。

这反过来又会影响人们的经济行为。如果利率会影响你现在的消费，那么是先存钱还是等一等再消费？假设你现在有 100 英镑，如果你把它存起来，也许明天就会变成 110 英镑。你可能选择现在花掉，也可能考虑存起来。但是，如果有人告诉你，如果今天你不花，明天可能会变成 200 英镑呢？这会改变你的决定吗？尽管这是一个极端的例子，但这一案例揭示了利率如何在整个经济活动中发挥作用。更高的利率会增加你的储蓄动机，降低你的消费或投资动机。因此，当利率上升时，存款的人更多，消费的人变少，企业投资变少，最后经济就会放缓；另外，较低的利率会降低你的存钱动机，增加你的消费动机，从而提振经济。经济学家将这一过程创造性地命名为货币传导机制的利率渠道。

第二，利率与经济活动中资产的价值挂钩。资产可能是股票等金融资产，也可能是房屋等固定资产。当利率下降时，这些资产的价值往往会上涨。这意味着持有资产的人会过得更好。当人们变得更富有时，他们往往倾向于增加消费。一个典型的例子是，当房子的价值上升时，人们会多借一点钱，然后去购买房产。因此，较低的利率会增加财富，进而增加支出，提振经济。这就是货币传导机制的资产渠道。

第三，产生经济学家所说的收入效应。你是储蓄者，还是借款人，这会对你产生不同的影响。如果你是借款人，较低的利率意味着每个月的还款会减少，口袋里会有更多的钱。正如我们所看到的，当你有更多的钱时，可能也会花更多的钱，结果就是提振经济。然而另一方面，如果你是储蓄者，更低的利率意味着你每个月的利息收入会减少。实际上你的月收入下降了，你可能会通过控制支出来应对收入变化。

事实上，我们大多数人既是储蓄者，又是借款人。例如，我们的银行账户里既有钱，也有贷款。所以，你个人的收入效应将取决于这些因素之间的平衡。

而整个经济的收入效应取决于储蓄者和借款人之间的平衡关系，以及每个群体的支出在多大程度上随着收入的变化而变化。如果储蓄者和借款人对收入变化的敏感度相同，那么储蓄者和借款人的收入变化就会平衡，因此总体支出不会发生变化。然而，证据表明，与储蓄者会控制支出相比，借款人更有可能将大部分新增加的收入用于支出，这意味着利率降低带来的收入效应往往会促进整体性的支出。

第四，有一些传导渠道是通过银行系统本身发挥作用的。当利率较低时，银行可以向人们提供利息更低的贷款，因此贷款量往往会增加。由于人们希望通过借贷来为自己的消费和投资提供资金，因此对贷款的需求会增加。与此同时，银行也更愿意放贷：一方面是因为贷款的成本更低，另一方面由于资金渠道的作用，人们有更多有价值的资产作为担保。正如我们在上一章中所讲述的，贷款的增加通过提高人们的消费和投资，促进了货币供应，也促进了经济活动。这也会导致总需求增加，从而导致通货膨胀上升。

对于像英国这样的经济体来说，最后一个传导渠道尤为重要，这就是汇率的影响。当央行降低利率时，汇率也会降低。当英国利率下降时，英镑就会贬值。如果英国的利率下降，但美国的利率没有下降，那么如果你把钱从英镑换成美元，会得到更好的回报。因此，因资金跨境流动，越来越多的人想购买美元并出售英镑。这种需求的转变意味着用英镑购买美元变得更贵。这反过来推高了英国商品的进口价格，我们在第 6 章中讨论过，这也会推高通货膨胀。

最后还有一个复杂的问题。所有这些机制都需要时间才能在经济活动中发挥作用。货币政策制定者不只是动动手指，通货膨胀就会突然上升或放缓。这有点像神枪手瞄准移动的目标：他们扣动扳机时必须适当考虑变量，因为他们知道子弹射中目标时目标已经移动。同样，当利率发生变动时，其效果也需要一段时间才能显现。这意味着政策制定者在制定经济政策时也要考虑变量，而不是仅仅根据目前的情况便做出决定。

这种滞后不是特别容易理解，并且在不同的时间和条件下可能是不同的。然而，在大多数情况下，货币政策的影响需要半年到两年才能从物价通货膨胀中显现出来。这一点的重要后果是，如果今天的通胀率是因为已经发生的事情而居高不下，但预计不会持续下去，那么央行对此可能无能为力。如果央行选择为了应对当下的通货膨胀而加息，那么当加息生效时，现在的通货膨胀可能已经消失了，经济就会放缓。

触及利率下限的日本银行

日本央行的经济学家非常理解这个过程。随着通胀率下降，他们降低了利率。从 1991—1995 年，日本央行贷款利率从 8% 降至 0.5%。这是一个巨大的变化，日本利率降至历史最低水平。然而这还不够。物价上涨继续放缓，甚至在下跌。这时，日本央行遇到了一个新问题，他们选择的武器没有弹药了，利率已经达到了令人担忧的下限，即不能再下降的点。

在此之前，利率下限在很大程度上是一个理论概念——仅限于穿着粗花呢夹克的人小范围地讨论，也许还会在几乎无人阅读的期刊上发表一篇论文。理论上，利率不能低于 0，因为如果利率低于 0，人们都会选择持有现金。现金基本上可以认为是 0 利率资产。[2] 当经济流通中的其他资产利率很高时，人们往往选择持有相对较少的现金。但随着利率的降低，现金似乎更有吸引力。另外当利率为 0 时，现金和其他形式的资产基本上是等价的。如果利率降至 0 以下，情况就会发生变化，每个人都想持有现金。当你只需把钱从银行里取出来就能赚到更多钱的时候，你不会疯狂到借钱给别人。

“真是胡说八道”，你们中的一些人可能已经在这样说了，“利率可以降到 0 以下，因为这种情况已经发生了。在欧元区，瑞士甚至英国政府的某些债务就出现过负利率的情况”。在现实中，利率下限不是 0，而是略低于 0。这是否意味着理论是错误的？并不是，只是现实世界比理论中更混乱一些而已。在现实世界中，持有现金是有成本的。你能否想象一家大型公司的年收入以 50 英镑的纸币来兑现？你可能需要一个仓库和一些保安来看管这些现金。而且，大量的现金无法满足你的消费需求，现金很难在世界各地转移给需要支付的人。或者，现金可能根本无法满足某些特定的需求。养老金需要在很长的期限内向客户提供退休费，他们支付的金额会随着利率的变化而变化。但现金的价值不会随着利率的变化而变化，所以对于养老金来说，现金的用处不如政府债券，因为政府债券的价值与他们对养老金领取者的债务价值的变化关系更大。

现金的这些成本和缺陷都意味着，即使不得不支付利息，你也可能愿意将你的钱转为银行存款或其他资产，因为这些成本是值得的。那么，利率下限就不是 0，理论上，它可能至少略低于 0，但肯定有一个下限。经济学家正在讨论利率能达到多大程度的负数，各国和不同时期的利率可能有所不同，这取决于一个国家的银行系统的利息弹性及存钱的相对成本（比如租用仓库和雇用保安的成本等）。在一些经济体中，利率下限可能低于 -1%。

然而，在 20 世纪 90 年代的日本，负利率及其可行性和对金融系统其他部分的副作用有很大的不确定性。有人担心，即使利率可能为负，也会压榨本已脆弱的银行利润，以及损害储户利益，因为日本有很多储户。所以日本央行采取了另一种方式。在西班牙的抢劫案之前的几十年，这一具有诱惑性的想法就成了现实——他们开始印制钞票。这种钞票旨在增加经济活动中的货币供应量，缓解经济下滑趋势，因此被称为**量化宽松政策**（QE），有时也被称为“资产购买计划”。

量化宽松政策在实践中是如何运作的？并不是多印钞票那么简单。相反，央行会从经济体中的个人或公司那里购买一些东西，通常是一些没有太大风险的资产，如政府债券。央行更喜欢这类资产，因为他们不喜欢承担太多的风险，毕竟央行一贯以稳健谨慎著称。然后，当央行付钱的时候，不是用的他们自己的真实的钱，而是只需在商业银行账户中增加一些数字即可，商业银行再将这些钱添加到卖家的账户中。

这是一个巧妙的机制，央行行长自己可能也会这么说。最终，卖方持有的债券变少，但持有的钱变多了。这家商业银行现在在央行多了一笔新的存款，但也有一笔相对应的储户存款。央行现在也多了一张债券，与商业银行的存款相匹配。因此，总的来说，在不需要印钞机的情况下，央行创造了更多的资金。

截至 2005 年，日本央行一直在大规模地开展这项工作。这被认为是非传统经济手段，与日本经济的特殊性密切相关。因此，尽管讨论起来很有趣，但量化宽松政策对其他国家来说可能没有必要。一些经济学家甚至估计，需要实施量化宽松政策的情况每 50 年才会出现一次。[3]

量化宽松政策的潜在问题

事实上并非如此。回到 2008 年，研究过日本经济的人都可能对全球经济形势感到一种熟悉的不安。房地产市场的崩溃通过比想象中更脆弱的金融部门传导到了经济的其他领域。世界各地的央行都降低了利率，并很快发现已经处于利率下限。于是，不仅仅是日本央行耗尽了主要武器的弹药。

像经济学家一样思考

本 · 伯南克与量化宽松政策

本 · 伯南克（Ben Bernanke）曾研究过日本经济和量化宽松政策。他是一名学术理论派经济学家，在 20 世纪八九十年代的大部分时间里，他一直在研究美国大萧条的原因，以及如果经济模型能涵盖金融系统的更多现实因素，可以对其进行哪些改进。他还观察了日本的利率情况，并就此撰写了许多论文和演讲稿。在 2007 年，当全球金融危机迹象开始显现时，伯南克已经就任美联储主席。

当危机爆发时，伯南克凭借自己对经济发展历史的了解，主张美联储应遵循日本的“处方”，只是在细节上可以有所升级。[4] 2008 年，美联储开始使用新创造的货币购买金融资产：首先是抵押贷款，然后是政府债券。世界各地的其他央行也采取了同样的做法，量化宽松政策走向了全球。

尽管伯南克是量化宽松政策的倡导者，但他也认识到该理论仍存在一些悬而未决的问题。他曾说过一句著名的话：“量化宽松政策的问题在于它在实践中效果很好，但在理论上效果不好。”[5] 这并不是对量化宽松政策本身的批评，而是更多地承认，尽管经济学家已经发现量化宽松政策在降低利率和提高通货膨胀方面确实有效，但还不太了解它是如何做到这一点的。

我们可以将其与医学进行比较，医学可以说是比经济学更为严肃的学科。任何做过手术的人可能都有过全身麻醉的经历，医生会让你进入深度睡眠，让你忘记肢体被锯掉或内脏被翻动的事实。然而，直到最近，科学家对全身麻醉是如何工作的还没有太多的头绪。他们知道它确实有效，也可以在数据中看到它的效果，并以相当高的准确性进行测试和校准，但他们还是不确定其作用机制。[6] 但这是否意味着你在紧急情况下应当拒绝使用麻醉剂？我猜你不会。

经济学家发现自己在量化宽松政策方面也处于类似的困境。显然，对于增加货币供应量如何推动通货膨胀的理论，我们在这本书中已经提到过。然而，日本央行面临的另一个问题是：当时的主流理论认为，当利率如此之低，无法再低时，人们并不想要更多的钱。他们的钱已经足够了，如果你给他们更多的钱，他们就会把钱藏起来而不会花掉。而且，因为利率是0，如果你把新印制的货币换成政府债券，也不付利息，那么他们看不到这两张纸有什么区别，所以不会改变自己的行为。这种情况被称为“**流动性陷阱**”。

那么，如果当时的主流理论认为量化宽松政策在需要的时候不会起多大作用，为什么经济学家还会转向量化宽松政策呢？答案是，从新的角度重新审视主流理论，以及2007—2008年全球金融危机之前已经过时的一些理论。

扭转局势的承诺

在20世纪90年代和21世纪初盛行的标准经济模式，即新凯恩斯主义模式认为，如果量化宽松政策奏效，那只是因为它有助于形成人们对经济和利率的预期。预期是一股强大的力量：如果你能预测未来会发生什么，就可以影响今天的决定。特别是，当一家银行在考虑30年期贷款的利率时，会考虑央行今天、明天和未来30年每天的利率。因此，银行将根据所有短期利率的预期设定利率。也就是说，对未来短期利率的综合预期决定了长期贷款的利率。这有点像我们在第6章中探讨的通胀预期对实际通胀率的影响。

实际上，在新凯恩斯主义模型中，这种对利率的预期才是最重要的。哥伦比亚大学经济学家迈克尔·伍德福德（Michael Woodford）在一系列极具影响力的论文中指出，保持长期低利率的最佳方法是做出一个可信的承诺：央行将在比人们预期的更长时间内保持低利率。这一承诺被称为“**前瞻性指引**”。在伍德福德理论的雏形中，你不需要用量化宽松政策来保持经济运转，而只需一个强有力的承诺，即利率将在更长时间内保持较低水平。

在后来的论文中，伍德福德稍微转向了量化宽松政策。但只是因为他认为量化宽松政策向经济发出了信号，表明央行正负担了大量债务，而这些债务与利率有关。意思是央行如果比承诺的时间提前加息，将遭受巨大损失。政策制定者不喜欢赔钱，因此量化宽松政策是央行向全世界宣布将保持低利率的另一种方式。在新凯恩斯主义者的分析中，关于未来利率走势的信号始终是关键所在。

量化宽松政策完全是合理的，除非它与经济现实发生冲突。在 21 世纪前 10 年的动荡之后，经济学家开始意识到，新凯恩斯主义者的分析建立在对金融市场的效率和理性假设之上。于是他们转向了一个独立的理论体系，该体系在金融危机之前基本上被忽视了，但对量化宽松政策为什么有效提供了不同的解释。

伍德福德理论的一个关键论点是，货币和债券几乎是一样的，尤其是当两者都不支付利息时。货币和债券只是不同类型的金融资产，在很大程度上扮演着相同的角色。但债券实际上与货币有着本质上的不同。在 20 世纪中期，经济学家詹姆斯·托宾（James Tobin）等人曾认为，人们实际上将资产视为“不完美的替代品”，至关重要的是，他们想持有资产不仅仅是为了获取利息。托宾的结论是，用一种东西换另一种东西，如在量化宽松政策的情形下用货币换债券，将产生巨大的影响。

如果你认为债券和货币是不一样的，那么你手里会留下比想象中更多的钱和更少的债券。你很有可能把多余的钱转移给别人。当你转移部分资金时，商品的价格有可能被动上涨，这使得央行又回到了通胀目标上。

2007—2008 年的全球金融危机让许多人顿悟，托宾在很多方面是对的，而新凯恩斯主义模型并没有想象中的那样完美。如今，大多数经济学家认为量化宽松政策是通过多种力量共同作用的。它确实是一个信号，但也通过重新平衡人们持有的债券和货币的数量来产生作用，这被称为“**投资组合再平衡**”。这种平衡是有效的，会导致利率降低，刺激消费和投资，同时推高通胀率。2008 年以来，各国央行一直利用量化宽松政策来帮助全球经济摆脱崩溃后的困境。

用利率设定控制通胀目标

上述这些可能会让你认为“我们不能多印点钱吗？”的答案很简单。毕竟，当经济陷入困境时，量化宽松政策显然会对经济产生有益影响。

但这种影响十分有限。你不能只是无限制地增加货币供应量。为了理解其中的原因，我们又要回到过去，这次是 20 世纪 80 年代的新西兰。

在彼得·杰克逊（Peter Jackson）的《指环王》帮助新西兰成为全球热门旅游地之前，新西兰是一个人口稀少的国家，处于世界的边缘，可以说经常被低估和遗忘。直到 1989 年，新西兰成了一轮“冲击波”的中心。这与当年该国发生的各种地震没有关系。这轮冲击波给全球经济都带来了震动，尽管大多数人可能根本不知道发生了什么。到底什么情况？新西兰建立了一家独立于政府的央行，并制定了明确的目标，且目标被写进了法律，即将通货膨胀保持在某个水平。在当时看起来，这似乎没有那么重要，但在之后的 20 年，这种模式被证明是极为成功的，以至于世界上许多发达国家都效仿了新西兰。

在 20 世纪六七十年代，新西兰和世界上许多国家一样，一直饱受高通胀的困扰。就新西兰而言，在 20 世纪 70 年代大部分时间里，其通胀率为两位数。最大的问题在于，其利率不是由央行独立设定的，而是由政治家设定的。这意味着，尽管政治家表示将保持低通胀，但当需要提高利率以实现目标的时候，他们会犹豫或改变主意。他们知道这很不受欢迎，毕竟，更高的利率会减缓经济发展速度，从而影响选票。人们也认识到了这一点，他们预计通货膨胀将高于政治家所说的目标。正如我们在第 6 章中所讲述的，这种预期意味着最终通货膨胀会更高。

当时一些优秀的经济学家也在努力解决这个问题，并将其称为**“通货膨胀偏见”**。美国经济学家兼国际象棋大师肯·罗戈夫（Ken Rogoff）等人提出了一个解决方案，即将决策权从政治家手中夺走，并掌握在央行行长手中，后者要为通货膨胀水平设定一个明确的目标。

这个想法虽然在 20 世纪 80 年代得到了大多数国家的支持，但直到新西兰开始尝试，才在实践中得到了检验。结果令人印象深刻，且几乎立竿见影。在几年内，新西兰通货膨胀已降至目标水平，并变得更加稳定和可预测。

新西兰领先一步，其他国家紧随其后。在 1997 年的英国，工党政府当选后不到一周，就赋予了英格兰银行独立的运营权，它的职责是保持通胀率较低且稳定。[7] 为了实现这一目标，英格兰银行成立了一个新的决策委员会，即货币政策委员会，它被赋予一项特权，即设定利率以实现通胀目标。

如果央行没有实现这一目标，导致通胀率过高或过低，仍须对议会负责。但政治家再也不能干涉实现这一目标的过程了。这与以前的情况大不相同。英格兰银行前首席经济学家安迪·霍尔丹曾表示，在英格兰银行独立之前，利率变动的最佳预测指标是“撒切尔夫人（时任首相）最近是否得到了糟糕的补选结果”。[8]

独立的央行直接控制通货膨胀的成果显而易见。全球通胀率在20世纪70年代和80年代平均超过10%，在20世纪90年代降至5%，在21世纪初降至3%，在21世纪前10年降至仅2%。[9]

这对印钞意味着什么？权力越大，责任越大，央行独立意味着它们的任务是使我们的货币保值，保持通胀率较低且稳定。这也意味着，尽管央行可以设定利率水平，或者，在量化宽松政策的情况下，他们可以把手指放在印钞机的按钮上，但他们不能毫无限制地这样做。

当通货膨胀看起来将低于应有水平时，增加货币供应量是有意义的，这表示更高的量化宽松。它将导致通货膨胀上升，使经济发展速度回到其目标。但这一举措一旦将通货膨胀推得过高，印钞将成为一个问题，我们在第6章中讨论过，这对公众来说代价巨大，降低了他们的消费水平，对许多企业来说，增加了生产的成本。

这意味着央行可以在一定程度上印制更多的钞票，但不是无休止地印钞，以免物价高得令人不安，致使通胀目标无法达成。货币供应量的增加必须恰到好处，这是英格兰银行每天都在努力做的事，而且我们这样做没有政府的直接干预。

但这并不是说政府在引导和稳定经济方面没起任何作用。我们可以再次回到 20 世纪 90 年代的日本，以理解政府如何管理经济。

蚊子馆反而能对经济产生有益影响

日语词 hakomono 的意思是华而不实的摆设[①]。这些华而不实的摆设在日本的典型例子就是“蚊子馆”，意为公共建筑内只有蚊子，没有人造访。在 20 世纪 90 年代和 21 世纪初，随着日本政府加大投入试图刺激经济，这个词越来越频繁地在各大报刊中出现。日本政府的投入集中在许多大型基础设施项目上：1991—2008 年，日本政府在公共设施投资上的支出高达 6.3 万亿美元，他们建造了水坝、道路，其中最著名的是桥梁。其中一座桥梁耗资超过 2.5 亿美元，即冲绳岛和人口不到 400 人的古宇利岛之间的桥梁。另外，修建名古屋的美术馆也花了很多钱，以至于剩下的预算都不够买陈设艺术品。

虽然把货币政策的权力从政治家手中夺走已经逐渐成为共识，但政府仍然可以控制类似的项目。他们有征税和财政支出的权力，即制

① 该词在英语中最接近的翻译是“白象”（white elephant）。白象是一种珍稀的物种，相传暹罗（泰国的古称）的国王不喜欢哪个大臣，就会将白象送给他，让对方苦不堪言。——编者注

定财政政策。大型政府支出项目可以对经济产生有益影响，即使它们有时被称为“蚊子馆”。

事实上，古宇利岛大桥甚至可能得到了现代最重要的经济学家的支持。凯恩斯曾称，与其让人们失业，不如政府付钱让人们把钱埋在洞里，再挖出来，然后付钱让他们把洞填上。

这是什么意思？要理解它，我们首先需要弄清楚政府为什么要花钱。政府花钱的原因有很多。他们可能想补贴一些对社会有益而供给不足的项目，如补贴继续教育；他们可能想投资一个大型基础设施项目，如公路或海底隧道；或者，他们可能想将资金从某个经济领域重新分配到另一个领域，以缓解社会不平等。

但他们也可能在需要时通过财政政策来提振经济。当政府花钱时，会从经济结构中的其他人那里购买商品，就像我们普通人消费一样。政府可以为警察购买制服，为医院购买医疗设备，或者为公共汽车购买新轮子；也可能为建造桥梁购买混凝土和钢材，以及支付建筑工人的工资。这些钱增加了经济产出，这是我们在第 4 章中所提到的 GDP 方程中的 G。因此，当人们的消费降低，经济增长或通货膨胀变得疲软时，财政支出可以为经济提供所需的支持。

上述最后一句话并非没有争议。因为利用财政政策积极刺激经济的必要性和有效性存在相当大的不确定性。传统上，财政政策通常被认为“过于缓慢和政治化”，[10] 它可能因为一些现实的限制因素而显得过于缓慢。例如，交付新的重大基础设施项目需要时间，比如你得花很长时间设计和规划新学校的建设地点和方式，之后才能开始动工。

从政治角度来看，财政政策可能会遇到与货币政策相同的问题，比如政治家总是倾向于在今天增加支出，并承诺在未来为此买单。最终，这可能危及公共债务的长期可持续性。

即使这些问题能够解决，财政刺激措施实际上能起到多大作用也是一个争论较大的话题。争论围绕着一个被称为“**财政乘数**”的概念展开。作为对经济理论的贡献之一，凯恩斯认为，财政支出对经济的影响可能远远大于企业投资，尤其是在经济低迷的时候。

想一想在桥梁建设中挖山洞的那些人，他们的挖掘活动将直接算作经济活动，尽管这生产率并不算太高。但他们不会只把钱留给自己，如果口袋里有更多的钱，他们就会花得更多，尤其是如果他们急需生活费的话。然后，他们的支出增加了其他经济部门的经济活动，推高了人们对更多商品和服务的需求。比如，他们为家人多买了一块面包。于是，面包师可能会花掉他们赚到的一部分钱。所以这个循环在继续。于是在每个阶段都会发生更多的经济活动，这对经济产出的推动作用大于政府的原始支出。

在这种认知中，财政支出的成效是成倍累积的，因此被称为“乘数”。凯恩斯的理论在整个 20 世纪三四十年代变得越来越重要，并对罗斯福总统应对大萧条的新政产生了至关重要的影响，因为新政涉及财政支出的大幅增加。凯恩斯主义政策的倡导者会说，财政支出的乘数通常大于 1，这意味着你得到的比投入的多。比如，每花 1 英镑，经济就会增长 1.5 英镑。

但批评者会认为，情况并非总是如此，最终得到的也可能是比投入的价值更低的经济增长。他们认为，花 1 英镑只会带来 90 便士甚至更少的收益。这有几个原因：第一个原因可能取决于经济活动中的另一个决定因素，即货币政策。政府增加财政支出提振经济，结果很可能导致通货膨胀。当央行看到通货膨胀上升会怎么办？他们会提高利率以使经济上升热潮降温。更高的利率会阻碍人们的消费和公司的投资，因此抵消了政府新增加的支出。

第二个原因与资金的实际来源有关。政府需要从某个地方获得资金，而这个地方最终来自我们纳税人。我们稍后将看到，税收意味着纳税人的支出减少，这是税务人员的功劳。我们支出的下降幅度甚至可能大于政府的新增支出，从而也抑制了财政乘数。

这就引出了第三个原因：李嘉图等价定理，这是以 19 世纪的经济学家大卫·李嘉图的名字命名的。该理论认为，当政府支出更多时，人们将意识到最终将不得不承担更高的税收，因此他们可能就会控制自己的支出，为这种可能发生的情况做好准备，这也可能完全抵消政府试图增加的刺激。

以上这些原因仍然存在争议，特别是李嘉图等价定理。大多数经济学家认为，有很多原因导致李嘉图的理论在现实世界中不成立。首先，纳税人与从财政支出中获得收入的人可能不是同一批人；其次，我们中很少有人现在消费时会考虑 20 年后的政府税收，而且人们的行为往往不一定那么理性——这是李嘉图等价定理成立的要求。而且你从一开始就意识到它存在缺陷。

所有这些争论使财政乘数成为经济学中最有争议的主题之一。如果你想在一群经济学家的晚宴上玩一个有趣的游戏，那么就问问他们财政乘数的值是多少，然后坐下来，在他们“战斗”时享用甜点。[11]

估算值大约从小于 1 到远大于 2 不等，这意味着每花费 1 英镑，你的经济效益就会增加 1 倍以上。

然而，大多数经济学家都同意，财政乘数的值取决于财政支出的确切性质、支付方式及当时正在发生的其他事情。例如，在利率非常低、通货膨胀也非常低的时候，就像 20 世纪 90 年代日本的情况一样，财政乘数可能特别高，货币政策制定者实际上会感激财政刺激为提高通货膨胀提供的一点帮助，所以他们不会提高利率来抵消财政刺激。凯恩斯本人表示，当人们的消费极度低迷时，财政支出作为提振经济的一种方式将特别有效，政府将拿走人们选择不花的钱，让资金在经济活动重新流动起来。因此，这些不知通往何处的桥梁可能并不像听起来那么不务实。

当然，钱花在哪里也很重要。总的来说，花在一个能在未来几年促进经济增长的大型基础设施项目上，比花在日常琐事或很少有人使用的桥梁上要好。或者，就后者而言，也包括人们挖洞并回填的过程。

然而，财政支出并不是政府能够利用的唯一经济杠杆。还有一个是税收。我们都在某个时候缴过税：无论是购买衣服时缴纳的增值税，还是每月从工资中扣除的个人所得税。除了债券，税收是政府获得资金的主要方式之一。这并不是什么新鲜事。还记得我们在第 7 章中提到的那些古代美索不达米亚石碑吗？上面就有缴纳税款的记录。也许本杰明·富兰克林的著名论断“除了死亡和税收，生命中没有什么是确定的”比想象中的更准确。

与财政支出一样，政府实施税收政策的原因多种多样，如弥补外部性不足、为大型项目筹集资金等。与财政支出一样，税收也可以使社会群体之间重新分配：有些是“进步的”，意味着多向富人征税；而另一些是“倒退的”，意味着偏向穷人征税。但税收确实可以用来提振或减缓经济。

就经济层面而言，征税的作用与财政支出相反。财政支出促进消费需求和经济活动，而税收会降低消费需求和减少经济活动。为什么？因为税收从人们的口袋里拿走了钱，虽然开具了缴税单，但这些缴税单没有什么用。与此相反，减税将钱返回人们的口袋，从而刺激需求。在理论上，这可能会与增加财政支出产生类似的乘数效应，你会有更多的钱。与财政支出的乘数一样，经济学家也在激烈讨论税收乘数到底有多大。

这意味着，平衡财政支出和税收是政府稳定经济的关键。但在某些情况下，政府实际上不需要做太多。财政政策的设计遵循了这样的逻辑：当经济增长放缓时，它会自动提供提振动力；而当经济增长过快时，它也会自动刹车。当一个国家的经济状况不佳时，政府在社会福利等方面的支出就会增加。更多的人失业意味着需要支付更多的失业救济金。同时，人们的收入和支出都在减少，因此整体上税收会自动减少。这时它就为经济注入了一定的推动力，而且在最为恰当的时间。相反，当经济蓬勃发展时，政府在社会福利方面的支出就会减少，因为有更多的人在工作，而且随着人们收入和支出的增加，政府的税收也会增加。

财政支出与税收之间的互动关系相当于暂停了政府在经济方面的主动刺激，所有变化都可以自动发生，无须政府修改立法或发布相关政策。这种机制通常被称为经济的“自动稳定器”。

国家债务违约的隐忧

这也提出了一个问题：政府能否无限期地减税或增加财政支出，或是一直刺激经济？答案显然是否定的。与央行不同，政府不能自行印制钞票——这就是央行独立的全部意义。因此，每当有人提出财政政策的第一个重大问题“我们如何最有效地刺激经济”时，就不可避免地会导向第二个问题“我们为此如何买单”。

当政府的支出超过税收时，必须通过借贷来填补缺口。政府通过发行债券——我们之前提到的那些国家发行的债券来筹资。政府债券通常由大型金融机构购买，这些机构通常在相对较长的时间内有闲置资金。例如，负责保管退休金的养老基金，或者可能在几十年后才会有偿支付的保险公司。

如果政府不偿还这些债务，后果将是灾难性的。但这确实发生过。2001 年 12 月 26 日，阿根廷政府送来了一份不受欢迎的圣诞礼物。在经历了 3 年多的经济衰退后，该国领导人意识到将无力偿还所欠债务。阿根廷政府拖欠了 950 多亿美元的债务，且无力全额偿还，大致只能偿还购买者 30% 的本金。在撰写本书时，因这一违约行为而引起的案件还在审理中。

这不是阿根廷政府第一次拖欠债务，也可能不是最后一次。令人遗憾的是，阿根廷政府在历史上留下了许多违约事件。这种不可靠性意味着那些向阿根廷借款的人会要求获得更多的补偿，以匹配风险。因此，与其他国家相比，阿根廷政府债券的利率要高 50% 左右。相反，许多国家的利率甚至接近 0。这使得阿根廷政府的借贷成本更高，也更难为那些有用的项目提供资金，而这些项目可能是他们的主要经济推动力。

阿根廷当然不是唯一违约的国家。然而，总的来说，大多数国家最终都可以偿还债务。因此，这些国家的借贷成本很低。但是，政府到底可以承担多少债务仍然是一个备受争论的问题。对于政府持续的赤字人们是否可以接受，经济学家仍存在分歧。赤字是指税收小于支出；相反，当税收大于支出时，称为盈余。

有一个常见的比喻是将政府比作家庭，你必须在某些时候勒紧裤腰带偿还你借的钱。但家庭的比喻并不完全匹配。首先，政府不会“死”（尽管某些特定的政府会死），可以在比你我寿命更长的时间内进行债务借还。但对于个人来讲，也就能活百八十年。而且，假设政府决定修建一条高速公路，虽然这将耗资 10 亿英镑，但他们认为从长远来看，这将为政府带来 20 亿英镑的收入。所以政府通过借贷修建了这条高速公路。当需要偿还借款的时候，国家的经济规模已经增长，政府征税的基础也提高了，高速公路已经为自己埋了单。所以尽管债务的绝对数额有所上升，但相对于经济规模而言，债务的相对数额有所下降。

与此同时，随着经济规模的不断扩大，债务相对于整体经济的比例将自然下降，但这一前提是新债务的增长率低于经济增长率。设想一下，经济正以每年 2% 的速度增长，而所要支付的利息为 1%，这就意味着可以借不超过整体经济规模 1% 的债务，而且债务占 GDP 的比率会下降。事实上，如果政府在试图偿还债务，也就意味着税收会大幅上升或支出会大幅减少，经济增长会放缓。那么，事实上这种试图重新平衡的税收和支出的计划可能会弄巧成拙。如果经济增长速度为 0，政府的债务将成为一个更大的问题。

这种机制在 21 世纪第一个十年末的希腊经济中体现得十分明显。欧元区的许多国家发现自己很难偿还债务，因为他们投入太多来救助面临倒闭的银行，以及刺激经济以度过全球金融危机。这个问题在希腊尤为突出。但随着希腊政府实施紧缩措施，削减财政支出，提高税收，以降低债务规模。这虽然减缓了经济增长，也降低了可用于继续偿还债务的税基。时任国际货币基金组织总裁的克里斯蒂娜·拉加德（Christine Lagarde）后来承认，该组织在倡导此类政策时误判了财政乘数。他们假设它小于 1，而事实上它接近 1.7。因此该组织向希腊政府施压，不明智地要求其降低财政赤字。[12] 当乘数大于 1 时，正如刺激政策可能产生较大的正面影响一样，紧缩政策可能产生较大的负面影响。

现在，即使是最尖锐的凯恩斯主义经济学家也会接受这样一个观点，即在某个时刻，如果你的债务非常高，导致人们质疑你的还款能力，那么你就摊上事儿了。如果你的声誉变得像阿根廷政府一样，那么你的借贷成本就会增加。无论是现在还是将来，纳税人都将在债务风险中首当其冲。因此，政府债券的高利率的确会成为一个问题。

然而，事实证明，在大多数富裕国家，引发这一问题所需的债务水平相当高。公众热衷于在债务规模达到经济规模 100% 的这一时刻进行讨论。然而，从长远来看，在过去一百年中，英国政府几乎有一半的时间债务与 GDP 的比率达到或超过 100%，但并未引发人们对其偿还能力的担忧。

《纸钞屋》的高潮场景之一是“教授”为闯入西班牙皇家铸币厂

找借口所作的演讲。在被敬业的警察逼到墙角后，他开始了经济史演讲。他说："2011 年，欧洲央行凭空制造了 1 710 亿欧元，这与我们现在所做的一样，而且他们的规模更大。"

警察看起来有点不相信。但"教授"不容置疑地说："他们称之为'流动性注入'。我也正在进行流动性注入，但不是给银行，而是直接给实体经济。"

"教授"说得有道理吗？总的来说，这本书不赞成抢银行。然而，"教授"说得对，印钞可以通过一系列渠道支持经济活动。当通货膨胀看起来过低时，它可以提高通货膨胀。事实上，这是近年来央行保持经济稳定的方式之一，与政府利用税收和财政支出一样，尤其是当银行发现自己常用的方法，如调整利率已经达到极限时。

但印钞是有限度的。如果各国央行无限制地印制越来越多的钞票，其结果将是通货膨胀过高，物价上涨速度快得令人不安，而且新印制钞票的价值会快速下降。这可能让人们的生活变得更糟，而不是更好。这就是为什么与《纸钞屋》中的西班牙银行劫匪不同，英格兰银行的印钞是为了实现一个明确的目标，即由民主选举产生的立法者为央行设定的通胀目标，这也意味着印钞这件事在未来不太可能失控。

Can't We Just Print More Money?

结　语

嗨，经济学家，我也能成为你

Can't We Just Print More Money?
要点前瞻

2019年7月的某个星期二晚上，查琳·梅因斯（Charlene Maines）在南安普敦社区中心中央大厅门外排起了队。[1] 在普通的工作日晚上，这栋楼的会议室可能举行妇女协会会议、团体瑜伽，或者可能是某个喜剧演员的巡回演出。但这周二，聚集在这里的是一群来自英国央行的人。查琳也在宾客名单上，尽管她不太清楚原因。

中央大厅正在举办英格兰银行的公民论坛，这是在英国不同地区设立的十几个类似论坛之一，旨在让公众与英格兰银行的政策制定者见面，讨论他们对于经济的感受和建议。在南安普敦的那个晚上，大约有25名参与者，他们可能并不知道，排队的人包括了当时的英格兰银行行长马克·卡尼。37岁的查琳是一名慈善工作者和护理人员，她在自己的工作场所发现了该论坛的广告，纯粹出于好奇，来到了这里。但快到6点钟了，她开始后悔。查琳出生在利物浦——一个距离英格兰银行300多千米的城市，她觉得这个国家的经济政策制定者存在于另一个世界。她对今晚可能发生的事情感到紧张。

问题出在经济学家自己身上，她后来说，她觉得他们“很显眼、时髦以及无聊”。在活动中，她甚至用一种好像是上等人的声音来尝试融入。她对经济学这门学科的看法也好不到哪里去。她认为经济学充满了复杂而难以理解的想法，决策者不断使用令人困惑的技术语言和令人费解的模型。经济学的复杂特性甚至妨碍了查琳在 2016 年“脱欧”公投中的投票：她觉得自己没有足够的理解力来做出明智的决定。

但在小组讨论会开始几分钟后，查琳对经济学的印象开始转变。她意识到，没有必要假装口音，而且她与经济学家的共同点比她想象中的要多。事实证明，查琳和前行长都支持同一支足球队——埃弗顿。同时，经济学比她所认为的要简单得多。尽管措辞复杂，但这门学科只是描述了她在日常生活中遇到的事情。说实话，她的生活就在实践经济学，只是用了与经济学家不同的词语。每次去商店、付房租或申请新工作时，她都在实践经济学。

活动结束后，查琳开始想办法增加对经济的了解。她在网上阅读经济学书籍，并报名参加成人夜校。这改变了她的生活。几年后的她经营着一家慈善机构，该机构旨在帮助人们摆脱长期失业，这是她自己经历了长期失业后受到的启发。她认为，她对经济的理解有所提高，这帮助她找到了自己的事业，于是她也想帮助其他人。她对经济学的新爱好也促使她对政治产生了更大的兴趣。她现在是某个政党的地方分支主席，正在竞选该选区的议员。查琳经常和她的同龄人谈论经济政策如何影响对她、她的家人和当地社区来说比较重要的事情。

查琳的经历并不罕见。她并不是唯一不喜欢经济学家的人。在一项针对英国最受信任的职业的调查中，经济学家排名倒数第二，政客排最后一名。[2] 她也不是唯一相信经济学如果运用得好，是有望提高生活水平的人。2019 年，近 50% 的人表示希望自己加深对经济学的理解。[3] 问题是他们中有太多人不知道从哪里开始。

你的一举一动都能用经济学解释

截至目前，我们希望你的旅程与查琳相似。你可能同意她的观点，即经济学并不像看上去那么遥不可及。虽然经济学充满了各种学术理论，但它也可以用来解释我们日常生活的事情。

我们从支撑经济学的最基本原理——供给和需求开始了我们的旅程。经济学家通常用一个众所周知的简化方程来理解人类行为：假设我们所做的选择能够直接或间接地使“效用”最大化。查琳可能会指出，这种解释只是听起来很抽象，实际上根本不是。每次你选择是否度假时，都隐含地在花钱和度假将给你带来的幸福感之间做一个效用权衡。市场只不过是数百万种权衡的累积效应，这种权衡涉及社会的方方面面。

在第 2 章我们了解到，市场在提供我们所需的东西方面非常出色。但并不是一直如此。因为市场也可能失灵。对某些人来说这会带来好的结果，但对社会来说可能会很糟糕。这种现象在全球范围内都出现了，你可以想想气候变化。下次你在享受畅饮时光的时候，可以思考一下市场失灵的影响。如果你点一壶茶，最终只能喝到一点，这是因为茶作为一种公共物品，是你和你所有的朋友共享的。于是每个人都倾向于喝得更快更多。“公地悲剧”意味着，餐桌上总有人会吃亏。

我们从市场失灵转向劳动力市场。为什么有些人的工资比其他人高？为什么建立一个人人都有工作的经济制度如此困难？答案在于供应和需求的相互作用，这决定了人们有多少工作可以做。但劳动力市场效率低下，无论我们多么努力，求职中固有的“摩擦”意味着总有人会失业。这一原理不单单与求职有关，你可以将同样的原理应用到约会中。即使世界上到处都是寻找爱情的单身人士，但总有单身人士存在。为什么？因为伴侣就像工作一样，很难找到合适的。你可能一周去 5 次酒吧，但仍然遇不到完美的对象。尽管交友平台可以帮助我们快速识别谁是单身，提高经济学家所说的“匹配效率”，但交友平台仍然无法完全消除浪漫市场中的“摩擦”。

在第 4 章中，我们继续讨论经济增长。我们比 500 年前的祖先更富有，尽管这有点令人难以想象。这是因为经济规模的不断扩大。事实上，通过土地、劳动力、资本和技术的相互作用，你可以与推动经济增长一样增加自己的产出。假设你正在考虑买一台新的笔记本电脑，通过升级到寿命更长的电池，你可以提高自己的工作效率。你会花更少的时间去充电，也许你可以带着笔记本电脑在花园里工作，在那里你会感到更放松，取得更高的成就。通过将你的劳动力与更好的资本相结合，你可以完成更多的事情，从而增加你的产出。

第 5 章我们探讨了为什么衣服大多是亚洲制造的。这是因为比较优势：当我们都专注于自己擅长的事情时，每个人都会变得更好。这个原则会影响你每次去参加晚宴。假设你和你的朋友被要求提供不同的甜点，你决定带一份提拉米苏和奶油布丁。你的朋友是个厨师，甚至上过烹饪夜校，在做甜点方面有绝对优势，你会很乐意让她代替你来做这两份糕点，除非你选择自己做，或者她没有时间做两份糕点。那么你是如何做出选择的呢？你可能还记得她学的是法式甜点，所以做奶油布丁会比提拉米苏好。这就是她的比较优势。结果，你选择做提拉米苏，她来做奶油布丁。这对你俩都好。

当你去买奶油和咖啡做甜点时，也许你注意到它们比你想象中的要贵，当然也比你上次做这个点心的时候更贵。原因是通货膨胀：商品和服务价格上涨。通货膨胀与我们所有的日常经济决策息息相关。例如，在 2020 年初，卫生纸的短缺造成了通货膨胀压力，由于人们担心在新冠疫情期间卫生纸会短缺，于是争相囤积，需求激增。这是我们在第 6 章中提到的需求拉动通货膨胀的一个极端例子。

金钱是一切的根本

然而，如果在现实世界中没有钱，这些经济例子都没有意义。正是钱让我们可以买东西、卖东西、交换东西。但钱到底是什么？正如我们在第 7 章中看到的，它只不过是一个信用体系。这有点像当你借钱给朋友时，通常不会让你的朋友写借条（或者至少，如果你这样做了，你的朋友可能用奇怪的眼神看着你）。你只是相信他会还钱。从本质上讲，这种信任的本质就是货币的本质。你对朋友的信任本质上和一张 20

英镑的钞票的本质是一样的。只要你像信任央行一样信任你的朋友，其他人也一样信任他，那么这种信任可以和 20 英镑的钞票一样有效。

当然，人们并不总是信任银行，虽然我们在第 8 章希望说服你把钱存到银行里，而不是藏在床垫下，但人们有时并不接纳这一建议。结果可能造成银行挤兑。当商业银行陷入困境时，央行有时会帮助他们摆脱困境。但并非总是如此：央行并不希望商业银行认为其会一直提供帮助，无论他们运营得多么糟糕。在这个方面，央行也在做着数百万人每天都在进行的那种权衡。回想一下你在学校的时光，作为一个十几岁的孩子，你通常会早上坐公交车去上学。但当你的父母休假在家时，你可能更倾向于反复按下闹钟。为什么？因为你知道，如果错过了公交车，你的父母会开车送你上学，那么你就没有动力早点起床。这是适用于早晨生活的道德风险。

问题是，学生和我们一样，并不善于评估他们的行为给父母或纳税人带来的连锁反应。第 9 章告诉你为什么大多数经济学家没有预见到 2007—2008 年的全球金融危机。坦白讲，对经济学家来说，很难预测危机何时会发生。人们并不总是按照我们认为的方式行事：他们不理性。我们认为，理性的倾向与实际行为之间的冲突定义了我们所有的生活。下次当你看到一家新餐馆外面排队时，请记住这一点，问问自己：人们排队是因为食物真的很好，还是仅仅因为排队行为本身发出了一个信号，所以值得排几个小时的队？排队的一些人可能只是因为其他人在排队，这是从众心理。你最好去隔壁的餐馆，在那里你可以马上找到一张桌子，那里的食物可能更好（也更便宜）。

最后，经济学家的作用不仅在于描述经济状况，还在于努力管理经济。政府和央行可以使用各种杠杆来保持经济平稳运行：增加财政支出，刺激低迷的经济；调整利率；有时甚至创造更多的货币。你很难看出这些决定是如何影响你的。但他们确实影响你了。每次英格兰银行货币政策委员会就利率做出决定时，都会影响你下次度假时的汇率，你的贷款的还款额，或者你是应该多存一点钱，还是现在就花掉。

像经济学家一样持续思考

所以查琳是对的，经济学很重要。你是否已经习惯了经济学的术语也很重要。事实上，你可能一辈子都在像经济学家一样思考，只是也许你自己不觉得。

经济学不仅能帮助你了解世界，也可以帮助你改变现状。每次你选择买还是不买时，都在向销售它的人及制造它的企业发出一个信号，告诉他们你对他们提供的产品是否满意。通过买一杯咖啡、一盒巧克力或一个豆豆宝宝，你正在影响市场的运行。经济学也有更直接的方法可以让你改变世界，帮助你更令人信服地为加薪讨价还价，更有效地应对气候变化，甚至更具建设性地参与民主生活。

你对经济学了解得越多，就越能了解所处的社会。我们之所以写这本书，是因为太多人不了解经济学，正如查琳在南安普敦的论坛活动中发现的那样。研究发现，英国公众对这门学科了解甚少。人们说，他们觉得经济学“很难接近”“令人困惑”“复杂”“难以理解”，类似的词不胜枚举。[4] 2017 年 5 月，在英国大选前夕，一项民意调查的结果令人震惊，超过一半的英国公众并不确信自己是否理解了那些经济政策所取得的效果。[5]

对经济的理解不足的确是一个问题。这不仅仅是因为你可能会制作自己并不具备比较优势的甜点，或者排队去一家令人失望的餐厅。你也可能投票支持对你不起作用的经济政策，或者把你的钱放错地方。出于同样的原因，当你了解经济学时，你可以从每周的购物、工作、政治活动甚至生活中获得更多。提高经济素养可以让你更富有、更健康，甚至更快乐。

因此，我们的希望是，这本书不仅教会了你一点经济学知识，而且能激励你更深入地去了解经济。读完这本书，你应该了解经济学的基本元素：供给、需求、通货膨胀、衰退等。但还有一些经济学领域我们没有提及。我们还没有谈到博弈论，它可以帮助解释如何赢得一盘棋、政治家如何避免核战争等问题。还有发展经济学，探讨如何提高中低收入国家的经济健康水平。所有这些经济学的分支都建立在本书中介绍的理论之上，这些理论包括效用最大化、需求定律、市场权力和失灵等，并将经济学分支带向了新的、令人兴奋的方向。

这些分支学科表明，经济学不再仅仅存在于图书馆尘封的教科书中，而是越来越多地融入我们周围的世界，并借鉴了越来越广泛的平行学科知识。即使与我们大学学习的经济学相比，它也发生了深刻的变化。如今，你可以通过收听广播、浏览社交平台或从书架上挑选越来越多的热门经济学书籍来学习经济学，从本书也可以学习。

随着历史的发展，许多曾经最为成熟的经济学理论正受到各方的挑战。经济学需要这些挑战。要做到这一点，经济学需要经济学家，因为经济学家不仅仅是喜欢数学或者名字后面带着一串头衔的专家。经济学也需要业余经济学家来挑战有时占据了经济学界的非理性状态（我们自己也不免受到奇怪的“动物精神”的影响），需要乐于打破陈规、带来新思想、拥有不同经验的经济学家。

所以，合上这本书，让自己成为一名更好的经济学家。你就是经济的一部分，所以你有能力塑造经济学，也被经济学塑造。在这个过程中，你可能帮助创造了一个对每个人来说都更美好的社会。

Can't We Just Print More Money?
致 谢

如果没有一群人的投入、支持和指导，这本书很难出版。这真的是一个团队的努力。

首先，我们必须感谢安德鲁·赫布登（Andrew Hebden）的大力协调。如果没有他，这本书就不会诞生。我们也非常感谢他在英格兰银行交流委员会的同事詹姆斯·贝尔（James Bell）、塞巴斯蒂安·沃尔什（Sebastian Walsh）和麦克·皮科克（Mike Peacock），正是他们促使英格兰银行进入了写作和出版领域，并给了我们参与其中的机会。当然，还要感谢英格兰银行行长安德鲁·贝利对该项目的支持及他所撰写的精彩序言。我们还要特别提及英格兰银行公民论坛成员查琳·梅因斯，她开诚布公地与我们谈论加入论坛如何改变了她对经济学家和经济学的看法。

我们要特别感谢出色的编辑罗文·波切斯（Rowan Borchers），他耐心地教会我们如何写作。还有乔安娜·泰勒（Joanna Taylor）和企鹅兰登书屋团队的其他成员，他们的专业知识和奉献精神自始至终都是无价的。我们也很感谢银行的联系人——亚当·冈特利特（Adam

Gauntlett），正是他的牵线搭桥，让我们与企鹅团队建立了联系。

身处英格兰银行，我们很幸运能与周围一些具有最聪明的经济头脑的人合作。更幸运的是，他们都是如此慷慨，贡献了大量的时间和专业知识来协助这本书的撰写。我们借鉴了一些同事的专业知识，勾勒出书中最重要的内容框架。他们还为我们提供了许多有趣的例子和文献参考，帮助我们把经济学概念融入日常生活。因此，如果您喜欢我们的案例研究，并可能从中学到了一些知识，那么你应该和我们一起感谢：Will Abel、Lena Anayi、Nicholas Butt、Shiv Chowla、Rupert de Vincent-Humphreys、Aydan Dogan、Rebecca Freeman、Tom Key、Simon Kirby、Lewis Kirkham、Simon Lloyd、Andre Moreira、Doug Rendle、Harry Rigg、Austen Saunders、Simon Scorer、Brad Speigner、Ryland Thomas、Boromeus Wanengkirtyo 和 Carleton Webb。

我们还要感谢校对团队，他们细致地核实（或纠正）了我们的观点和“粗略”的数字。如果没有他们，你会看到许多需要补充说明的方括号内容。为此，我们要感谢：Leanne Aubard、Martina Babetto、Randip Bains、James Barker、Giulio Bianchi、Mark Billennes、Frances Cassidy、Joseph Chilvers、James Clay、Zara Coe、Keiran Corbett、Jem Davis、Daniela Donohoe、Ben Dovey、Nicole Edmondson、Ihsaan Faisal、Caroline Fosdike、Maren Froemel、Frances Furness、Joe Ganley、Ben Harris、Himali Hettihewa、Sudhanshu Jain、Louise Johnston、Volkan Karaboyun、Benjamin King、Martina Knopova、Thomais Kotta Kyriakou、Tom Lappage、Jayson Lee、Owen Lock、Zachary Morris-Dyer、Debra O'Connor、Bartholomew Oram、Ameera Osmani、Manisha Patel、Anjum Pervez、Gerry Pimm、Milo Plunkett、Kyle Richards、Pierre Sanoner、Edo Schets、Harry Sleep、Katie Taylor、Robert Taylor、Anna To、Thomas Viegas、Dylan Viswambaran、Kai Walker、Donna Western、Sofia Whiteside 和 Christopher Wilder.

在整个写作过程中，我们从与同事和朋友的对话中受益匪浅，他们的专业眼光和直觉使我们警醒，以免陷入沉闷的学术世界。他们把我们带回了现实世界，所以感谢他们：Adam Barlow、David Baumlag、Michael Bennett、Sarah Breeden、Richard Button、Matthieu Chavaz、Charlie Dyos Hunter、Andrew Gimber、Rashmi Harimohan、Rich Harrison、Maggie Illingworth、Ben King、Lizzie Levett、James Montille de Bizuard、Isabel Sanchez、Rhiannon Sowerbutts 和 Mo Wazzi。

最后，我们要感谢你抽出时间阅读这本书。我们希望你觉得它有点意思，甚至很有趣。

注 释

考虑到环保的因素，也为了节省纸张、降低图书定价，本书编辑制作了电子版的注释。请扫描下方二维码，直达图书详情页，点击“阅读资料包”获取。

未来，属于终身学习者

我们正在亲历前所未有的变革——互联网改变了信息传递的方式，指数级技术快速发展并颠覆商业世界，人工智能正在侵占越来越多的人类领地。

面对这些变化，我们需要问自己：未来需要什么样的人才？

答案是，成为终身学习者。终身学习意味着永不停歇地追求全面的知识结构、强大的逻辑思考能力和敏锐的感知力。这是一种能够在不断变化中随时重建、更新认知体系的能力。阅读，无疑是帮助我们提高这种能力的最佳途径。

在充满不确定性的时代，答案并不总是简单地出现在书本之中。“读万卷书”不仅要亲自阅读、广泛阅读，也需要我们深入探索好书的内部世界，让知识不再局限于书本之中。

湛庐阅读 App：与最聪明的人共同进化

我们现在推出全新的湛庐阅读App，它将成为您在书本之外，践行终身学习的场所。

- 不用考虑“读什么”。这里汇集了湛庐所有纸质书、电子书、有声书和各种阅读服务。
- 可以学习“怎么读”。我们提供包括课程、精读班和讲书在内的全方位阅读解决方案。
- 谁来领读？您能最先了解到作者、译者、专家等大咖的前沿洞见，他们是高质量思想的源泉。
- 与谁共读？您将加入优秀的读者和终身学习者的行列，他们对阅读和学习具有持久的热情和源源不断的动力。

在湛庐阅读App首页，编辑为您精选了经典书目和优质音视频内容，每天早、中、晚更新，满足您不间断的阅读需求。

【特别专题】【主题书单】【人物特写】等原创专栏，提供专业、深度的解读和选书参考，回应社会议题，是您了解湛庐近千位重要作者思想的独家渠道。

在每本图书的详情页，您将通过深度导读栏目【专家视点】【深度访谈】和【书评】读懂、读透一本好书。

通过这个不设限的学习平台，您在任何时间、任何地点都能获得有价值的思想，并通过阅读实现终身学习。我们邀您共建一个与最聪明的人共同进化的社区，使其成为先进思想交汇的聚集地，这正是我们的使命和价值所在。

北京市版权局著作权合同登记号　图字：01-2024-5778

图书在版编目（CIP）数据

为什么不能多印点钱 / 英国英格兰银行，（英）鲁帕尔·帕特尔，（英）杰克·米宁著 ; 安昀译. -- 北京 : 中国财政经济出版社，2025.4. -- ISBN 978-7-5223-3755-5

Ⅰ. F0-49

中国国家版本馆 CIP 数据核字第 2025RD5933 号

责任编辑：潘　飞　　　责任校对：张　凡
封面设计：张志浩　　　责任印制：张　健

为什么不能多印点钱
WEISHENME BUNENG DUOYINDIAN QIAN

中国财政经济出版社 出版
URL：http://www.cfeph.cn
E-mail:cfeph@cfemg.cn
（版权所有 翻印必究）
社址：北京市海淀区阜成路甲 28 号　　邮政编码：100142
营销中心电话：010-88191522
天猫网店：中国财政经济出版社旗舰店
网址：https://zgczjjcbs.tmall.com
唐山富达印务有限公司印装　　各地新华书店经销
成品尺寸：147mm×210mm　　32 开　　9 印张　　228 000 字
2025 年 4 月第 1 版　　2025 年 4 月河北第 1 次印刷
定价：89.90 元
ISBN 978-7-5223-3755-5
（图书出现印装问题，本社负责调换，电话：010-88190548）
本社图书质量投诉电话：010-88190744
打击盗版举报热线：010-88191661　　QQ：2242791300